JN021754

お家で楽しむ
アフタヌーンティー

ときめきの英国紅茶時間

Cha Tea 紅茶教室　坂井みさき

河出書房新社

はじめに

　2021年4月Cha Tea 紅茶教室は代表の立川の自宅兼サロンから徒歩15秒ほどのところに、紅茶専門店をオープンさせました。建坪4.5坪の小さな店舗ですが、サロンと同じく英国住宅の第一人者である設計事務所コッツワールドさんのプロデュースにより、英国でいうlovelyなお店になりました。

　店舗では、さまざまな国から輸入をしている紅茶はもちろん、スタッフの手作りの英国菓子の販売もスタート。受講生以外の一般のお客様と接する機会が増えるなか、私たちが当たり前と思っていることに感心していただいたり、反対に、これは周知されているだろうと思い込んでいたことに対し、もっと丁寧な説明が必要なのだなと反省する事柄もあったり、日々新鮮な気持ちで接客をさせていただいています。

「美味しい紅茶を知ってほしい」
「もっとティータイムを楽しんでほしい」
「紅茶のある暮らしを身近にしてほしい」
　教室も店舗でも、伝えたい思いは同じ。

　紅茶教室の卒業生のなかには、同じように紅茶の楽しさを普及させようと企業、個人活動をしてくださっている方もたくさんいらっしゃいます。本書の共著者である坂井みさきさんもそのひとりです。

　おもてなしサロン「TEA MIE」を主宰している坂井みさきさんは、受講生たちに〈ミンミン先生〉の愛称で親しまれています。幼い頃、おもてなし好きだったお母さまの真似をして、姉妹や従姉妹たちに振る舞ったティーバッグで

美味しい紅茶時間は、多くの人に幸せをもたらしてくれることでしょう。

淹れた紅茶。はじめて旅先で経験したアフタヌーンティー。紅茶や陶磁器を通して育まれた日英間の交流。数々の経験を経て、紅茶愛を深めてきたミンミン先生の提案する紅茶時間は、まるで魔法のごとく、受講生たちをいつも驚かせ、そしてときめかせています。

日々のひとりでのお茶、家族でのティータイムから、おもてなしのアフタヌーンティーまで……本書では英国人から学ぶ紅茶時間を豊かにするポイントを七つの章で紹介していきます。

私たちも日常でもっと美味しいティータイムを楽しんでいきましょう。

Cha Tea 紅茶教室代表　立川碧

Contents

Part 1
英国貴族の
アフタヌーンティー

アフタヌーンティーの習慣を始めた
7代目ベッドフォード公爵夫人アンナ・マリア。

　皆さんはアフタヌーンティーの由来はご存知でしょうか。

　1840年代、英国の上流階級の人びとの食卓には大きな革命が起きていました。オイルランプやガス灯の普及により、生活が急速に夜型に移行、正餐の始まり時間が20〜21時に先送りされるようになったのです。

　7代目ベッドフォード公爵夫人アンナ・マリアは、もともと食いしんぼうだったこともあり、元来、正餐を食べていた17時前後になると口寂しくてたまらない。そこで彼女は自室でひとり、バター付きのパンと紅茶を楽しむことで空腹を満たしました。

　しかし泊まり客や来客があると、ひとりでこもってティータイムというわけ

ヴィクトリア朝の貴婦人たちの優雅なアフタヌーンティー。心落ち着くひとときだったことでしょう。

にもいきません。そこでアンナ・マリアはドローイング・ルーム、いわゆる応接間に、簡単な軽食を用意し、ゲストとともにティータイムを楽しむようになりました。これが、アフタヌーンティー、当時はファイブ・オクロックティーと呼ばれた午後のお茶会の始まりだとされています。

　当時のアフタヌーンティーを想像するためにも……上流階級のご婦人の1日の食生活を追ってみましょう。
　まず朝一番のお茶は、ベッドのなかで楽しみます。これは既婚女性の特権。本来は朝食専用のモーニングルームでブッフェスタイルの朝食を楽しむところですが、既婚女性はゆったりとした朝の時間をすごすことを許されたのです。これは18世紀初頭からの習慣といわれています。
　身支度を整え、階下に降りる頃にはすでに10時過ぎ……意外にのんびりとした1日の始まりなのです。午前中は午後からの外出の準備や来客に備えての準備など、すべて使用人が中心になって行いますので、女主人はそのチェック役です。

現代でも素敵に整えられたベッドルームでのお茶は女性の憧れです。

18世紀の英国貴族のモーニングティー。女主人が、かつらを身につける前に、優雅にお茶をしています。

貴族の庭で楽しむアフタヌーンティー。屋外であっても、茶道具に手抜きはありません。

　朝が遅い分ランチは軽く。夜の正餐に呼ぶほどの間柄ではない来客とは、軽いビジネスランチをとることはあったようです。ランチは短時間ですますため、帽子を被ったまま食事をすることも常でした。

　午後の時間、来客のない日、女主人はほとんどを自室ですごします。そんな日のアフタヌーンティーはひとりで楽しむことが通常で、自室まで使用人にティーセットを運ばせ、コルセットを着用しないラフな部屋着でくつろぎます。
　約束がある日は正装をして対応します。ドローイングルーム、または庭にテーブルを出して……。正餐ではないため、ゲストは帽子や手袋はとらず、短時間で失礼するのがエチケットでした。行事の折などは、多くの人と共にアフタヌーンティーを楽しむこともあります。その際は玄関ホールやライブラリーなどを開放しブッフェスタイルで行いました。アフタヌーンティーはあくまでも正餐前の小腹を満たす時間であり、大切なのはコミュニケーションなのです。

　アフタヌーンティーは女性が中心の習慣のため、使用するティーセットはロココ様式のドローイングルームの内装に合わせた優美なものが好まれます。花柄の食器はアフタヌーンティーの象徴的なデザインなのです。

　正餐は、たとえ家族同士であってもフォーマルな衣装に着替えて参加します。

立食スタイルのアフタヌーンティーでは、より会話上手になることが大切でした。

服装、席次、会話、メニュー、食器のすべてに伝統的なルールがある公式な場のため、当主の家柄、屋敷の格式が問われます。

　正餐のあとのアフターディナーティーは、くつろぎの場です。まずは女性陣がダイニングルームから先に退席をし、食後のお茶を楽しみます。男性たちはシガールームに移動、女性がいる場では御法度の政治、仕事の話に花を咲かせ、その後、女性たちに合流し、会はお開きになります。

　こうしてみると、貴族の食生活のなかでアフタヌーンティーは決して特別なものではなく、生活のなかに密着したリラクゼーションの時間であることがわかります。しかしそのような気楽なティータイムも、階級が下の人にしてみれ

使用人たちのアフタヌーン
ティーに使用されるのは、
クリームウェアと呼ばれる
白い陶器でした。

ば、荘厳な屋敷の中で行われる、まるで夢のようなティータイム。もしも招か
れたならば、並んでいる茶菓子にも、夕食そっちのけでついついすべて手をつ
けたくなってしまうことでしょう。このような生活習慣の違いは、階級ごとの
エチケットの違いにも直結しました。

　2018年に英国貴族の暮らしを描いた人気ドラマ「ダウントン・アビー」の
ロケ地ハイクレア城を訪れたミンミン先生。屋敷のツアーで素晴らしい部屋の
数々を拝見し……ドラマのなかに吸い込まれたように感激したそうですが……
その後体験したティールームでのアフタヌーンティーは、ステンレス製のポッ
トにティーバッグの紅茶。カジュアルな陶器のティーカップ。まるで階下の使
用人のようなティータイムに、夢から目覚め現実に舞いもどってしまった～な
んてエピソードも。

　そんな上流階級の人びとが使用していた、アフタヌーンティー用に作られた
美しいアンティーク・カップの数々。ミンミン先生のお気に入りは、一目惚れ
したというミントン窯のティーカップ。フランスのセーヴル窯の写し、セーヴ
ル・スタイルとも呼ばれヴィクトリア女王さえも魅了していたミントン窯、食

ミンミン先生が一番にお気に入りのミントン窯のティーセットに紅茶を注ぎます。

卓の貴婦人と称されたコールポート窯、コバルトブルーが印象的なコウルドン
窯のティーセットは今でもアフタヌーンティーの憧れの食器として多くの女性
の心をときめかせています。

ダウントン・アビーで存在感を放っているのが先代の伯爵夫人が愛用している
イマリ・スタイルのティーセット。東洋由来のイマリ柄はその歴史の古さから、
西洋スタイルの洋花が描かれたものより格式が高いといわれています。引退は
しても、伯爵家にとってのご意見番であり続ける先代夫人の格が表れたティー
セット。エリザベス2世の生母、クィーンマザーの愛称で親しまれたエリザベ
ス・ボーズ＝ライアン妃も、晩年このイマリ柄のティーセットを大切にしてい
たそうです。

　色の強さや金彩の派手さから、イマリ柄はあまり好みではなかったというミン
ミン先生ですが、ドラマで繰り広げられるシルバーのポットとイマリ柄のコン
ビネーションにすっかり魅了されたそうで、いつかイマリ柄のティーセット
を揃えることを夢見ているそうです。

先代伯爵夫人と孫娘のティータイム。イマリ柄のティーセットが並んでいます。

紅茶が注がれると、ティーカップの美しさがより引き立ちます。1820年代のミントン窯の作品。

さまざまなデザインの英国製のイマリ柄のティーカップ。男性も使えるデザインは格上になります。

Part 2
ホテルでの
アフタヌーンティー

ホテルの美しいインテリアは、非日常を感じさせてくれます。

　貴族のアフタヌーンティーに憧れた私たちが、その疑似体験をする場所として選ぶのはおそらくホテルでしょう。英国でも19世紀末より上流階級、中産階級のご婦人を中心にホテルでのアフタヌーンティーがブームになりました。

　ホテルの用意したラウンジは、貴族の館のドローイングルームそのもの。そこで提供されるアフタヌーンティーは訓練されたホテルマンが担当。家柄の高い方にも自宅に近いレベルで、そして中産階級の人びとには、夢のようなサーヴィスに酔いしれてもらうのです。

　クロスは清潔な白。茶器はホテルという場所柄、男性も対象となるため、金が施された白磁、シンプルな新古典様式のもの、控えめな花柄がセレクトされます。スリーティアーズと呼ばれる3段スタンドは、狭い空間を有効活用するために考案された便利グッズなので、本来自宅では使いません。

正当派の3段スタンドでのアフタヌーンティーのサーヴィス。下段からいただくのが昔ながらのエチケットです。

隅切りがほどこされたキューカンバー・サンドウィッチ（P.114参照）。

　ホテルのアフタヌーンティーの定番フードは、サンドウィッチ、スコーン、焼き菓子。最近ではコールドスイーツと呼ばれるムース系のスイーツが、焼き菓子に加えられることも増えました。スコーンはホテルでアフタヌーンティーが楽しまれるようになった19世紀末、ベーキングパウダーやオーブンの普及により誕生したお菓子。きっと当時はトレンドのお菓子だったのでしょう。

　最近の流行はグルテンフリー、ビーガンアフタヌーンティー、その流れは日本のホテルのアフタヌーンティーにも適用されています。

　そんななかでも、サンドウィッチの定番として不動の地位を誇っているのが「キューカンバー・サンドウィッチ」。いわゆるキュウリのサンドウィッチです。ヴィクトリア朝に高級食材として知られたキュウリは、温室栽培または輸入品だったこと、水分が多く、作り置きが難しかったことにより特別な具材として扱われました。英国ではミントと組み合わせて出されるのがポイント。清涼感のあるサンドウィッチは食欲を増進させます。女王陛下に捧げられるサンドウィッチはなんと隅切りがほどこされているそうです。パンの耳を切る、角を取る……加工すればするほど品格が上がるということでしょうか。

ヴィクトリア女王も愛したラズベリージャムのヴィクトリア・サンドウィッチケーキ（P.115参照）。

　焼き菓子の定番「ヴィクトリア・サンドウィッチケーキ」は、ヴィクトリア
女王とアルバート公のアフタヌーンティーの思い出のケーキ。サンドウィッチ・
ティンと呼ばれる二つの焼き型でスポンジ生地を焼き、バタークリーム、ジャ
ムをサンドするので、サンドウィッチと呼ばれています。定番のフィリングは
ラズベリージャム、夏は酸味のきいたルバーブやグーズベリーのジャム、他に
レモンカードも人気です。

　ミンミン先生の海外でのアフタヌーンティーデビューは、まだ英国領だった
頃の香港の「ザ・ペニンシュラ」ホテルだったそうです。1842年の南京条約
により英国に割譲された香港。1928年創業の「ザ・ペニンシュラ」ホテルは、
駐在している英国人の社交の場として発展しました。ロビーラウンジの重厚な
雰囲気、旅先でこんな優雅な体験ができるのかと感動し、世界のアフタヌーン
ティーを経験してみたいな……と思ったそうです。
　英国での初アフタヌーンティー体験はホテル「ザ・リッツ」で。30代前半
の出来事でした。英国在住の日本人の友人とご一緒したのですが、ドレスコー
ドがあり、男性は皆、ジャケットにネクタイ姿。素晴らしいインテリアに圧倒

ザ・レインズボロウホテルのティーフード。スコーンが布に包まれているところにもホスピタリティを感じます。

ブルーで統一されたザ・レインズボロウホテルの空間は、気持ちを落ち着かせてくれます。

されるなか、サンドウィッチはなんとお代わりもすすめられ、調子にのってお願いをしていたら、スコーンを食べたところでギブアップしてしまったという悲しい体験も。

　ミンミン先生の最近の一推しは「ザ・レインズボロウ」ホテル。リージェンシー様式のインテリアは写真映えも抜群。ティーフードも見た目の美しさと共に味も最高、ホテルマンのホスピタリティもお気に入りの要素だそうです。

　英国のホテルでアフタヌーンティーを体験すると……ティーポットの中に茶葉が入りっぱなしになっていることにビックリされる方もいらっしゃるかと思います。そしてティーポットのほかに、ホットウォータージャグと呼ばれるお湯差しが登場するのも英国式です。このお湯は、ティーポットに注ぐのではなく、ティーカップの中の紅茶を好みの濃さに調整するために使います。

　日本のホテルでは、ティーポットの中をのぞくと、すでに茶葉は引き上げられた状態であることが多いです。それは日本の水が「軟水」だからです。軟水は紅茶の成分を抽出しやすいため、茶葉とお湯を長い間一緒にしていると、お茶の味は渋く、苦みも出てしまいます。そのため、日本で販売されるティーバ

クリヴデン・ハウスでのアフタヌーンティー。

ッグには必ず引き上げるための紐がついています。「硬水」の国である英国では、ティーバッグも茶葉と同じでティーポットに入れっぱなしが普通のため、ティーバッグに紐はついていません。

　もしご家庭で英国式の淹れ方で紅茶を楽しみたいときは、水道水＋硬水のミネラルウォーターで水の硬度を調整してみるといいでしょう。

ホテルのアフタヌーンティーで
注意したいエチケット

1 ホテルの格式を確認し、ふさわしい
服装を心がけること。旅行中であっ
ても、おしゃれを楽しみましょう。

2 ホテルに入ったらゆったりとした動
作を心がけること。細かい動きはあ
なたを子どもっぽく感じさせてしまいます。

3 いきなり写真は撮らないこと。必ず
ホテルマンに写真を撮ってもいいか
聞いてみましょう。全体の写真を撮りたい
ときはまわりの方に配慮しましょう。予約
する際に、一番早い時間で予約をし、10
分前ぐらいに着いて撮影をさせてもらうの
もひとつです。

4 紅茶のお代わりは可能か、茶葉の種
類は変えてもらえるかをオーダー前
に確認しましょう。

5 ティーカップを持つ際はハンドルを
必ず片手で持ちましょう。両手でテ
ィーカップを持つと、動作が幼く見えてし
まいます。ソファー席の場合は、紅茶を飲
む際に、ソーサーを胸元まで持ち上げまし
ょう。

6 テーブルの上にある食器、ティーフ
ードはすべて会話を弾ませるトーキ

ング・グッズです。食器のブランドが知り
たい場合も、いきなりひっくり返して窯印
を確認せず、必ずホテルマンに聞いてみま
しょう。その際「どこのブランドですか？」
ではなく、「素敵なカップですね」「色が好
みです」など褒め言葉を添えましょう。

7 わからない食材があってもインター
ネットで検索しないこと。せっかく
の非日常の時間。スマートフォンは写真撮
影が終わったら鞄の中へいれ、その場にい
る友人やホテルマンとのコミュニーション
を楽しみましょう。

8 食べきれないフードを持ち帰れるか
どうかは、ホテルマンに確認をしま
しょう。英国では専用のボックスを用意し
ているホテルも多くありますが、ＮＧのホ
テルもあるので、気軽に尋ねてみましょう。

9 笑顔で、その場を楽しみましょう。
まるで自宅のリビングのようにくつ
ろげたら、次はそのホテルのディナーにも
チャレンジしてみましょう。

Part 3
ティールームでの
アフタヌーンティー

　鉄道網が普及した19世紀後半、英国ではティールームの開店ラッシュが続きました。ヴィクトリア朝時代、英国の労働者階級のアルコール中毒は社会問題でした。禁酒運動の波が広がるなか、アルコールを出さないティールームの存在は時代に歓迎をされたのです。

　1864年にオープンしたA.B.C.こと、「エアレイテッド・ブレッド・カンパニー」は駅の構内にチェーン展開。1894年にオープンした「ライオンズ・コーナーハウス」は、その名の通り街中の角地に開店し、待ち合わせのメッカとなりました。1903年、オープンした「ウィロー・ティールームズ」はデザイナーズティールームの流行のきっかけになります。

　英国人にとって身近な存在であるティールーム。倹約家の英国人、実はホテルのアフタヌーンティーに一度も行ったことがないという人も多くいます。しかし、お気に入りのティールームの話になるとみんな饒舌になります。

　ミンミン先生のお気に入りのティールームは、ヨークシャーにある「ベティーズ」、数ある支店の中でもハロゲイト店が一推しとのこと。活気ある店内、豊富なティーメニュー。センスのいい紅茶缶やオリジナルグッズも魅力的。まさに夢のティールームです。こちらのティールームはヨークシャーにしか店舗がないため、ロンドンの人たちも小旅行でベティーズを訪れることを楽しみにしているほどです。

　ティールームの人気は、その内装がカジュアルで、アットホームなところにあるのかもしれません。自宅のリビングにいるようにくつろげる身近な憩いの空間は日常に欠かせない存在なのです。

カントリーサイドのティールームの定番、ブルー＆ホワイトのティーセット。

木の温もりが感じられるティールームでのホッとするひととき。
壁に飾られた額絵も英国らしさを感じさせてくれます。

バタークリームたっぷりのケーキは、英国人に人気です。最近は、トッピングもおしゃれなケーキが増えています。

　そんなティールームでのアフタヌーンティーは、お値段はホテルの半額以下。ボリュームはホテルの1.5倍と、とにかくリーズナブル。家庭でも実現できそう！　と思わせてくれるフードメニューも魅力のひとつです。

　英国文化研究家の小関由美氏が、2018〜2021年の英国の新聞『インディペンデント』、雑誌『BBCグッドフード』、『カントリーリビング』、「Google UK」のアンケート調査などを総合し、まとめた英国菓子ベスト12を紹介したいと思います。

　ランクインしたのは、キャロットケーキ、ヴィクトリア・サンドウィッチケーキ、レモンドリズルケーキ、ブラウニー、スティッキー・トフィープディング、コーヒー＆ウォールナッツケーキ、チョコレートケーキ、ベイクウェルタルト、クリスマスケーキ、バナナブレッド、スコーン、そして意外なことに「黒い森のサクランボケーキ」として知られるドイツ菓子シュヴァルツヴェルダー・キルシュトルテもランクイン。

　なぜドイツ菓子？　と思いましたが、英国王室のルーツは18世紀のハノーヴァー朝ジョージアン時代よりドイツ系。歴史を知っていると妙に納得してし

小さなガラス瓶にはお花、ティーカップの中にはお砂糖と、ラブリーな演出です。

まうのです。そして反対に……ハノーヴァーを訪れた際に、どのティールーム
でもキャロットケーキが提供されていたことも腑に落ちました。

　ティールームの魅力のひとつに愛らしい食器もあります。最近の流行はヴィ
ンテージのティーセットを使うこと。ホテルのように全部お揃い……ではなく、
ひとつひとつ異なるティーセットが登場するのがティールームならでは。ティ
ーポット、ティーカップ、カトラリー、すべてがバラバラだとより家庭的な雰
囲気を演出します。アフタヌーンティーの時間をイメージして、花柄で統一し
ているティールームも多くあります。

　カントリーサイドに行くと、ブルー＆ホワイトの食器をメインにしたティー
ルームも数多くあります。18世紀後半にスポード窯により実用化された銅版
転写技法を使ったブルー＆ホワイトの食器は、労働者階級がはじめて手にでき
た総柄の食器でした。窯元は異なっても、ブルー＆ホワイトの色が統一されて
いると意外に気にならないものです。

　そしてホテルのような豪華な生花ではなく、ミルクピッチャーやジャム瓶な
どに庭で咲いた花を小さく生けるのもティールーム流。日常に応用できるよう

ボリュームたっぷりのサンドウィッチ。ポテトチップスが添えられているところがポイントです。

な「素敵」の要素がティールームにはたくさん詰まっています。

　ティールームでのアフタヌーンティーは、とにかくフードが盛りだくさん。お皿からはみ出そうなくらいが普通。ホテルと異なるのはサンドウィッチのパンに耳がついたままのこと、そして塩気のあるポテトチップスが添えられてくること。田舎に行けば行くほど、耳付きパン、ポテトチップスの出現率は高く……これを見ると、日本では体験することができない、まさに英国的なアフタヌーンティーと妙に嬉しくなってしまうのです。

　ミンミン先生がティールームでおすすめするのが、英国らしいチャツネとチェダーチーズを使ったサンドウィッチとコロネーションチキンを挟んだサンドウィッチ。チャツネはマンゴーやリンゴ、モモなどの果実に、酢や砂糖、香辛料を加えて煮つめたジャム状のもの。
　コロネーションチキンは、1953年のエリザベス2世の戴冠式（たいかんしき）に出されたカレー味のチキン。ゆでたチキンを、ヨーグルトやカレー粉、ジャムなどで和えてサンドウィッチの具にしたものが大人気。英国のティールームの雰囲気を楽しみたいときにはおすすめの具材です。

耳付きのサンドウィッチ。下段にはコロネーションチキン、中段にはチャツネのサンドウィッチがのっています。

Part 4

ひとりでのお茶を素敵に

　ホテルやティールームで体感した素敵なお茶時間ですが、英国人は家庭のなかでもそれぞれの美味しい紅茶を楽しんでいます。

　美味しいお茶は家庭でも楽しめること……この章では、ひとりでのお茶を楽しく素敵にするエッセンスを紹介します。

　まず、美味しい紅茶を用意することから始めましょう。

　皆さんは紅茶を購入するときはどこで買っていますか？　コンビニエンスストア、スーパーマーケット、デパート、紅茶専門店、紅茶はどこでも購入できますが、鮮度のいいものを購入することをおすすめします。インド、スリランカ、インドネシア、ケニア、中国、世界30か国以上で生産されている紅茶ですが、1年中製茶が行われている産地もあれば、日本のように冬はお休みという国もあります。他の農作物と同じく、1年のうちに旬がありますので、意識してみるのもいいでしょう。

　また、紅茶を購入する際は、賞味期限だけでなく、その紅茶がいつ製茶されたのかも確認してみましょう。購入後は直射日光を避け、空気をできる限り遮断し、湿気から茶葉を守りましょう。開封後の保管期間は約2か月。乾物ですので、湿気ないうちに召し上がってください。高額な茶葉ほど、鮮度のいいうちに楽しみましょう。

　日本で販売されている紅茶は、日本の軟水にあわせて買い付けされていますので、水道水で美味しく召し上がっていただけます。もしも英国ブランドの紅茶を楽しむ場合には（P.22参照）、お水の硬度を少し上げると現地に近い味が楽しめます。

　お砂糖を入れる際は、無臭のグラニュー糖が一番おすすめです。風味を変えたいときには、黒糖や三温糖、メイプルシロップや英国で人気の糖蜜ゴールデンシロップなどもおすすめです。

美味しい紅茶と英国菓子で、ひとりでのお茶時間を満喫しましょう。メルバ窯（1930年代）。

美味しい紅茶のゴールデンルール

まずは、美味しい紅茶を淹れられることが大切。ヴィクトリア朝から受けつがれている紅茶の淹れ方、ゴールデンルールを紹介します。

①シチュエーションに合わせて新鮮な茶葉を選びましょう。

*いつも同じではなく、その日の天気や、誰と楽しむのか、合わせるお菓子などを含めてベストな茶葉がチョイスできると紅茶通。

②新鮮なお水を沸かしましょう。向いているのは水道水です。

③ポットを二つ準備しましょう。

④使用するポットを温めて、茶葉をいれましょう。

☆ひとり分、約3g

＊大きな茶葉、小さな茶葉を見極めて計量

⑤充分に沸騰したお湯を人数分ポットに注ぎましょう。

☆ひとり分、約170cc

⑥お湯が入ったらポットに蓋をして蒸らしましょう。

＊大きな茶葉：3〜4分

＊小さな茶葉：2〜2分半

紅茶を淹れる道具。
中央から時計回りに
ケトル、紅茶を淹れるガラスポット、
ティーカップ、砂時計、茶葉、茶こし、
サーヴィス用のティーポット。

紅茶は熱湯で淹れ、蓋をして蒸らします。
熱が逃げないようにしましょう。

⑦紅茶をカップまたは別のポットに移して
　仕上げましょう。
　＊最後の一滴ベストドロップまでしっか
　　りとるようにしましょう。
　　絞り出すのではなく、優しくとること。

ティーバッグの場合も袋の中には茶葉が
入っていますので、基本的な淹れ方は一緒
です。

①ティーカップ、マグカップ、ポット、使
　う器を事前に温めましょう。

②ティーバッグひとつはひとり分です。
③熱湯を注ぎ、蓋をして蒸らしましょう。
④適切な時間、蒸らしましょう（パッケー
　ジの表記を参考に）。
⑤そっと引き上げ、最後の一滴までとりま
　しょう。

　丁寧に紅茶を淹れる時間も楽しんでくだ
さいね。

軟水で紅茶を淹れる場合は、
サーヴィス用のポットに茶液を濾すことで、
最後までお茶が渋くならずに
いただくことができます。

お気に入りのティーカップに
紅茶を注いで楽しみましょう。
シェリー窯（1940年代）。

美味しい紅茶が入ったら……自分のためにティーセッティングをしてみましょう。ティーポット、ティーカップ、ケーキをのせるプレート。まずはこの3つからスタートしましょう。そしてティールーム気分を味わうためにも……自宅でも写真撮影をしてみましょう。ありふれたひとりでのお茶時間も……ちょっとの工夫でときめくセッティングができます。

　まずは、よくやりがちなNG例と、少しの工夫で素敵度が上がるミンミン先生のセッティング術を比べてみましょう。

ティーカップとプレートの水平の並びは、「目玉」構図と呼ばれ違和感があります。

「Z」のようなジグザグに並べるのがおすすめ。ケーキのフィルムをとること、カトラリーを添えるとより印象も良くなります。

スマートフォンやバッグ
など生活を感じさせるも
のが写ってしまうのは残
念です。ポットやティー
カップのハンドルの位置
がバラバラなのも気にな
ります。

OK　背景を意識すること。生活用品よりは、お花やグリーンなど美しいものを一緒に添えてみまし
　　ょう。ハンドルの位置も右側に揃えて置きましょう。

意識して写真を撮っているのに、なんだか今ひとつパッとしない。お家でも心がときめく写真が撮れたら……ミンミン先生流のちょい足し技術で、ティータイムに彩りを加えていきましょう。

NG　陶器の素朴な器に、豪華絢爛な磁器の器をあわせるのはアンバランスです。

OK　ウェッジウッド窯の陶器の器にあわせて、カジュアルな陶器製の雑貨を添えてみると雰囲気もマッチします。

 ミントン窯のロココスタイル
のティーセットに布製のクマ
のぬいぐるみ、陶器製の雑貨
の組み合わせは、格式が異な
ります。

 同じロココスタイルのフィギュア、お花を生けた
ミルクピッチャーをあわせましょう。

 柄物のクロスの上に大きなグ
リーンの装飾では、器が引き
立ちません。フォーリー窯
(1950年代)。

 レースのクロスに替える
だけで、洗練された雰囲
気に。

美味しい紅茶が入ったら……ひとりでのアフタヌーンティーを楽しんでみましょう。ミンミン先生はコンビニエンスストアで購入したスイーツでアフタヌーンティーを楽しむことも日常とか。

　素敵なヴィジュアルになるポイントは、買ってきたスイーツをそのまま使うのではなく、カットすること。購入の際、切りやすさや盛りつけやすさを考慮してスイーツを選んでみましょう。ミンミン先生のアレンジ例を紹介しますね。

コンビニで購入してきた
スイーツたち。

サンドウィッチは、小さくカットして
ミントなどのグリーンを添えます。

ピックでお飾りしたり、
ガラスの器に盛りつけるだけで演出度がアップ。

小さくカットして
フィンガーサイズに。

3段スタンドに盛りつけると、優雅なひとりでのアフタヌーンティーの完成です。コンビニスイーツが大変身です。

Part 5
親しい人と
自宅でティータイム

　ひとりでのお茶を満喫したら……その楽しみをぜひ誰かと共有してみてください。家族とのティータイム、親しい友人を招いてのティータイム、少人数でも心豊かな時間がすごせるはずです。

　英国ではアフタヌーンティーのことを「優雅かつ質素なおもてなし」と呼びます。ランチやディナーに比べると品数も少ないアフタヌーンティーですが、テーブルセッティングに気を配ると、非日常の気分が味わえます。優雅だけれど、実は節約のおもてなしでもあるアフタヌーンティーは、ヴィクトリア朝の中産階級を魅了したそうですよ。

　ミンミン先生のはじめてのおもてなしは、小学校高学年の頃だそうです。紅茶好きだったお母さまに影響され、自室に従姉妹や友人を招き、バスケットにいれた複数の種類のティーバッグから、好きなものを選んでもらっていたそう。旅館に常備されているお茶菓子を真似して、自室にもお気に入りのクッキーと「小梅ちゃん」はかかさない。今振り返ると、紅茶の淹れ方はかなりいい加減だったそうですが、「ダージリン」「アッサム」「アールグレイ」など、横文字を見るだけで気持ちが高揚していたとのこと。物語のなかで憧れた英国、紅茶という非日常のドリンクへの好奇心。お友だちに得意のリコーダーの演奏を聞いてもらい、気づけば「紅茶で音楽サロン」を実践されていたとか。

　皆さんも子どもの頃に、ごっこ遊びの経験はありませんか？　お菓子屋さんになったり、お花屋さんになったり、八百屋さんになったり。その頃のワクワクした気持ちを思い出して……ぜひ素敵な館の女主人になった気持ちで、紅茶でおもてなしを楽しんでみてください。

1
美味しい紅茶を
用意する

フレッシュな茶葉を用意すること、淹れる紅茶の特徴を把握しておくこと、ティーフードとの食べ合わせを考えて茶葉を複数用意しておくことはとても大切です。

2
美味しいティーフードを
人数分より多く用意する

自分が美味しいと思っているティーフードを用意してみましょう。何度も食べて気に入っているものでしたら、紅茶との食べ合わせも想像がつきやすいと思います。はじめて購入するお店の場合は、食べやすさや、アルコールを使っているかなど、細かいところもチェックしましょう。

紅茶でおもてなしの
ポイントは*3*つ

3
ティーテーブルを
優雅にセンスよく仕上げる

ゲストの喜ぶ顔を思い浮かべて、テーブルクロス、食器をチョイスしてみましょう。クロスと食器の関係は洋服のコーディネートに似ています。柄物のクロスを敷いた場合は、上はシンプルなデザインにすること。食器を統一すればするほど、フォーマルな食卓に。ティールームのようにひとりひとり異なる食器を使うとカジュアルに。ゲストに合わせてテーブルを作ってみましょう。

英国が大好きなミンミン先生。これまで数多くの英国をテーマにしたお茶会を主催してきました。不思議の国のアリス、ピーターラビット、ハリー・ポッターなど英文学をテーマにしたお茶会。ロンドン、エディンバラ、バースなど都市をテーマにしたお茶会などなど。英国人が大好きな「妖精」をテーマにしたお茶会も人気だったそうですよ。

クリームティーでおもてなし

英国ではポピュラーなクリームティー。クロテッドクリームとジャムはたっぷりと用意されます。

「クリームティー」ってご存知ですか？　生クリーム入りの紅茶⁉　いえいえ、違います。英国でいうクリームティーとは「スコーンとミルクティー」のセットのこと。スコーンに塗るクロテッドクリームと、紅茶にいれるミルクをあわせてクリームティー、そんな愛称で親しまれています。ティールームはもちろん、パブやホテルのラウンジでもクリームティーのメニューはポピュラーな存在。

　手作りスコーン、買ってきたスコーン……自分のお気に入りのスコーンを用意して、濃い紅茶を淹れて……たっぷりのミルクで楽しむ。クリームティーは英国人にとり、日々の生活の活力です。

　はじめてのおもてなし、堅苦しくないおもてなしの際に、ぜひこのクリームティーを活用してみてください。きっと楽しいティータイムになることでしょう。

まずクロテッドクリームを用意しましょう。クロテッドクリームは英国のデヴォンシャー、コーンウォール地方に伝わるデヴォンシャー・クリーム、コーニッシュ・クリームと呼ばれる伝統的なクリームです。脂肪分の高い牛乳を弱火で煮つめて、表面に固まった乳脂肪分を集めて作られます。乳脂肪分は、バターと生クリームの中間の60％前後。最近では日本でもクロテッドクリームの製造、取り扱いが多くなっていますので、大型のスーパーマーケットで探してみてください。ネット通販で取り寄せもできます。

　スコーンを食べる際は横に二つに割ります。できればナイフではなく、手で割ってみましょう。ジャムとクロテッドクリームは先が丸いスコーンナイフを使って塗ります。クロテッドクリームを先に塗り、ジャムがあと……が、デヴォン式。ジャムを先に塗るのがコーンウォール式です。「#creamfirst（クリームが先）」「#jamfirst（ジャムが先）」というハッシュタグがあるほど、食べ方にこだわりを持っている人が多くいます。
　でも、もしクロテッドクリームが入手できなくても残念がらないでくださいね。英国でもクロテッドクリームの生産ができない北イングランドやスコットランドに行くと……スコーンを注文すると一緒に有塩バターが添えられてくるのがよくある光景です。スコーンはティータイムだけでなく、スープをいただく際のパンの代わりなどランチにも普通に楽しまれています。

デヴォン式のクリームティー。　　　　　コーンウォール式のクリームティー。

さまざまなデザインのミルクピッチャー。お気に入りの茶道具はティータイムの時間を充実させます。

そんなスコーンと相性がピッタリのミルクティー。美味しいミルクティーを楽しむためには、英国ブランドの紅茶を購入しなくてはという思考になりがちですが、実は美味しさの秘訣はミルクにもあります。

日本で主体のホルスタイン種の乳牛と、英国で多く育成されているガンジー牛、ジャージー牛は、元々の個体の大きさも違い、搾乳されるミルクの質も異なるので、すべて同じ……とはいきませんが、まずは、「低温殺菌」で加工された牛乳を選ぶことがポイントです。牛乳の沸点を超さない低温で30分前後の時間をかけて殺菌された低温殺菌牛乳は、タンパク質の凝固が少ないのでさらりとしていて、加熱臭がないため、紅茶本来の香りを活かすミルクティーが仕上がります。

英国では紅茶と合わせる牛乳は「低温殺菌」が基本です。現地では殺菌方法を考案したルイ・パスツール博士の名前をとり「パスチャライズドミルク」または「フレッシュミルク」の名前で販売されています。低温殺菌牛乳は日本でも手に入りますので、ぜひ入手してみてください。

ロイヤルクラウンダービー窯の花柄のティーセットは、アフタヌーンティーでも人気です。

　そしてミルクのいれ方にもこだわりを持ってみましょう。英国の上流階級の人びとは、17世紀からの伝統で、お茶を先にティーカップに注ぎ、色や香りを愛でてから好みの量のミルクをいれる「ミルク・イン・アフター」を好みます。反対に労働者階級の人びとは、たっぷりのミルクを器に入れてから紅茶を注ぐ合理的な「ミルク・イン・ファースト」の習慣を持っています。
　さまざまな英文学のなかでも階級によるミルクのいれ方は描き分けられています。普段はミルク・イン・ファースト派の方も、おもてなしのティータイムの際は貴婦人気分でミルク・イン・アフターを楽しまれるのもいいかもしれませんね。

　濃いミルクティーにおすすめの茶葉は、インド産のアッサム。夏摘みのアッサムは蜂蜜のような甘味、一方秋摘みはビターチョコのようなほろ苦さが特徴です。そしてスリランカ産のルフナ、こちらは黒蜜のような風味が特徴の産地。アフリカのケニアで収穫される紅茶も英国ではミルクティーの定番。しっかり蒸らして楽しみましょう。

紅茶の風味を味わってから、ゆっくりとミルクを注ぐ。
ミルク・イン・アフターの演出。コールポート窯（1860年代）。

たっぷりのクロテッドクリームとジャムがスコーン（P.116参照）の美味しさを引き立ててくれます。
先が丸くなっているのがスコーンナイフの特徴です。

2
ローズ・アフタヌーンティー

「人を家に招くのは負担」「わざわざ来ていただくほどの家ではないので、やはりホテルを予約したほうが無難では」と感じる方もいらっしゃるかもしれませんが、アフタヌーンティーはもともと自宅から発祥した文化。たとえ四畳半の部屋だとしても、ホテルやティールームの貸し切り個室だと思えば3〜4名でのお茶会は贅沢だと思いませんか？

　お茶会の準備もおしゃれと同じ。人に会うときの少しのお化粧は楽しみのひとつですが、厚化粧にして素顔がわからなくなるほど頑張ってしまっては無理があります。完璧に、綺麗をめざしすぎないように、お掃除もテーブルセッティングも日常より少しだけ手を加えるイメージでいましょう！
　そして英国人を見習い……準備や片付けを誰かに手伝ってもらうのもひとつ。英国人は玄関、リビング、化粧室以外にキッチンもパブリックスペース、ゲストと共有する場所と考えている方が多いため、親しいゲストのひとりにホステスの補助役をお願いすることも。あまりつくろわず、「そこはあけちゃダメ！」というスペースをひとつでも減らすことで、気楽なお茶会を楽しんでいきましょう。

　英国を意識したアフタヌーンティーを自宅で楽しむ場合、初心者におすすめのテーブルのテーマはミンミン先生曰く「ローズ」とのこと。何しろ、女性は薔薇が好き！　そして薔薇にまつわるティーフードは比較的探しやすく……食器のモチーフでも薔薇はもっとも人気のデザインなので……世界観が作りやすい!!
　また薔薇は、紅茶とも深いかかわりがあるのです。1669年にイギリス東インド会社は中国の厦門（アモイ）からジャワ島経由で、お茶を輸入します。1717年には中国の広東港において、直接的な茶貿易を始めます。イギリス東インド会社の1702年の買い付け記録をみると、緑茶83％、紅茶（当時はまだ発酵度が若干低かったため、現在の烏龍茶のようなものでボヒーと呼ばれていました）17％の注文が見られます。それから半世紀後には、紅茶が63％、そして緑茶が

美しい薔薇柄のティーカップ。心がときめきます。

37％となり、この頃から英国の紅茶嗜好が定着したようです。1771年にエディンバラで発刊された『ブリタニカ』の初版には次のような、お茶の記述があります。「緑茶はすべてどことなく、すみれの香りがするのに対し、紅茶のほうはなにか薔薇の香りがする」。

　国花である薔薇を愛する英国人は、飲み物においても薔薇の香りのする紅茶を好んだのでしょうか。では、ミンミン先生の親しい友人同士のローズ・アフタヌーンティーをのぞいてみましょう!!!!

薔薇柄のティーセットがたくさん並んで、まさにテーブルの上はローズガーデンのよう。

カップケーキ（P.117参照）に薔薇のエディブルフラワー（食べられる花）でおめかし。一気に華やぎます。

ローズ・アフタヌーンティーをより素敵にするミンミン先生のちょい技。「アップル・ローズ」の作り方を教えていただきましょう。

　材料は、リンゴ半分、グラニュー糖を小さじ1。

　まずリンゴを1/4にカットし、芯の部分を取りのぞきます。スライサーで薄くカットしたら、リンゴとグラニュー糖を耐熱容器に入れ、電子レンジで約2分加熱します。その後、冷まします。

　リンゴスライスを皮の部分が上になるように1枚、芯になる部分を小さく巻き、8～10枚、重ねて巻きながら、薔薇の形にしていきます。花びらに見えるように外側に開き、形を整えましょう。ぜひ、チャレンジしてください。

リンゴはスライサーで薄くカット。

レンジで加熱して、しっとりさせます。

薔薇の形を意識してクルクル巻きます。

アップル・ローズの完成。

トライフルの上にはリンゴで作ったアップル・ローズを。

美しいグラスに注がれたローズスカッシュのウェルカムドリンク。

　そしてウェルカムドリンクにおすすめなのが、「ローズスカッシュ」。お気に
入りのローズジュースを製氷機であらかじめ冷凍、氷にしておきましょう。ゲ
ストが来たら、グラスに氷を入れ、上から炭酸水を注ぐと……あっという間に
ローズスカッシュのできあがり。お庭で薔薇を育てている方は、自家製のロー
ズシロップで氷を作っても喜ばれそうですね。美しいピンクの色に、ゲストの
心もときめくことでしょう。

製氷機で凍らせたローズジュース。

グラスに浮かんだ姿は、まるで花びらのよう。

ミンミン流
自宅で楽しむアフタヌーンティー

不思議の国のアリスのお茶会

大人から子どもまで魅了する『不思議の国のアリス』。

『不思議の国のアリス』は、世界でも有名な童話のひとつ。

　作者はルイス・キャロルというペンネームを持つ、オックスフォード大学の数学教師だったチャールズ・ラトウィッジ・ドジソン。1862年7月4日、オックスフォード大学の学寮長だったヘンリー・リデルの娘たちと一緒にボートに乗っていたドジソンは、少女たちにせがまれて、次女アリスを主人公にした冒険物語を話して聞かせます。アリスは自分が主人公のこのお話を気に入り、書き下ろしてくれるようにお願いして、1864年クリスマスにプレゼントしてもらったのがこの作品です。

帽子屋さんのお茶会をイメージした演出。帽子は100円ショップで見繕ったそうですよ。

　その後、友人たちのすすめもあり、物語に新しい要素を加え、当時評判のよかった『パンチ』の画家ジョン・テニエルに挿絵をお願いし、1865年11月に出版された物語が、150年以上経った今でも、世界中の人びとに愛されるアリスの物語です。本書には『鏡の国のアリス』と題された続編もあり、両編の要素を組み合わせ、映像化が何度も行われていますので、ご覧になった方も多いのではないでしょうか？　好奇心いっぱいで行動力抜群のアリスは、どんなことにもへこたれない精神力を備えた小さなレディ。そのナンセンスなストーリーの児童書が、子どもはもちろん大人にも不思議な魅力を振りまいているのは今さらいうまでもありません。

　アリスの書かれた時代は、英国でお茶の習慣が花開いた栄光の時代でもあります。お茶の時間は英国人にとって、とても大切な時間。小さなアリスでさえ不思議の国で3月うさぎや帽子屋と一緒に、そして夢から覚めたあとで大急ぎで帰った自宅で……と午後だけで2回のお茶を楽しんでいるほどです。

有名な「帽子屋さんのお茶会」は、当時流行していたアフタヌーンティーを取り上げたお話です。アフタヌーンティー誕生にかかわるベッドフォード公爵夫人、ヴィクトリア女王をモデルにした人物が登場します。公爵夫人はガミガミ屋で、教訓をたれるのが大好きな変わり者の設定、そしてヴィクトリア女王は「首をちょん切ってしまえ」が口癖のわがままなハートの女王様として書かれています。

　「ワインはいかが」と3月うさぎが親切そうに言います。アリスはテーブル中をみまわしましたが、そこにはお茶しかのってません。「ワインなんかみあたらないけど」とアリス。「だってないもん」と3月うさぎ。「じゃあ、それをすすめるなんて失礼じゃないのよ」とアリスははらをたてました。　「しょうたいもなしに勝手にすわって、あんたこそ失礼だよ」と3月うさぎ。「あなたのテーブルって知らなかったからよ」とアリス。「3人よりずっとたくさんの用意がしてあるじゃない」。

　「しょうたいもなしに勝手にすわって、あんたこそ失礼だよ」というセリフ。正式なアフタヌーンティーは、本来、きちんとした招待状がないと参加できないものだったのです。なので、招待してもらえるように当時の女性たちは社交を重ねて、人脈作りに励む必要があったのです。

　「かみの毛、切ったほうがいいよ」帽子屋さんはアリスをすごくものめずらしそうに、ずいぶんながいことジロジロ見ていたのですが、はじめて言ったのがこれでした。「人のこととやかく言っちゃいけないのよ」とアリスは、ちょっときびしく言いました。「すっごくぶさほうなのよ」。

　「人のこととやかく言っちゃいけないのよ」というのも、お茶会のマナーのひとつで、人の悪口や噂話などをしてはいけない……というのがあったのです。10歳の少女がそのことを理解していたのだと思うと、アリスのティーマナー

可愛らしいアリスに扮した子どもたち。

教育は素晴らしいものがあります。

　また、アリスが不思議の国から帰ってきたあと、「お茶の時間におくれるわよ」というお姉さんの言葉に素直にしたがって現実の世界に戻っていくシーンがありますが、このティーは軽い夕食・ティーミールをさしています。アリスのような中産階級の家庭の子どもたちは、お昼にしっかり食べて、夜は、ティーまたはティーミールと呼ばれる簡単な食事ですませていたのです。アリスはこの後、子ども部屋でのお茶の時間を楽しんだことでしょう。

　ミンミン先生は、このアリスのお話が子どもの頃から大好き!!!　毎年7月の第1土曜日に開催されるオックスフォードの「Alice in Wonderland Event」、通称「Alice's Day」にも、日程を合わせ渡英したくらい!　このイベントは、アリスのお話が誕生した7月4日に由来してのイベントだそう。アリス一色に彩られた心躍るオックスフォードの町の雰囲気を見てください。

この時とばかりに、大人もアリスになりきって
楽しみます。

チェシャ猫のカップ
ケーキも大人気。

アリスに登場するキャラクターとのパレードも盛り上がります。

さまざまな種類のアリスの本。仕掛け絵本やレシピ本なども人気です。

アリスといえばトランプ。ボードに
トランプを貼り付けて楽しみます。

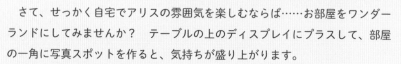

部屋の片隅のキャビネット
の上に赤い薔薇、白い薔薇
のコーナーを。

　さて、せっかく自宅でアリスの雰囲気を楽しむならば……お部屋をワンダー
ランドにしてみませんか？　テーブルの上のディスプレイにプラスして、部屋
の一角に写真スポットを作ると、気持ちが盛り上がります。

　出窓、キャビネットの上、本棚の上、小さなテーブルの上、自宅のなかでディ
スプレイできそうな場所を探してみましょう。ミンミン先生は、100円ショ
ップなども大いに利用して、ディスプレイを楽しんでいるとのこと。ミンミン
先生の自宅お茶会のディスプレイを見せてもらいましょう。

たくさんのポストカードを吊るしたり、テーブルの上にアリスグッズを並べたりすると、アリスの世界が完成。

ミックスマッチのティーカップで、お遊びティータイム。

アリスの世界観は、はちゃめちゃ。当たり前のことが当たり前でないから面白い。ワンダーランドの雰囲気を作るためにおすすめなのが、「ミックスマッチ」と呼ばれるカップ＆ソーサー、ケーキ皿のお遊び。お揃いで作られているティーカップ＆ソーサーの組み合わせを、わざとずらしていきますよ。このアイデアは、ティーカップ＆ソーサーのどちらかが割れてしまったときにも応用できます。

　同じイメージで、派手な柄物のクロスの上に、あえて派手な柄物の食器をセットしてみるのもおすすめです。

ずらりと並んだミックスマッチの世界。これぞ、まさにティーカップのワンダーランド。

アリスに登場するハンプティ ダンプティをイメージしたおしゃれゆでたまご。

　不思議の国のアリスの世界観を演出するうえで、ミンミン先生おすすめのゲストが必ず笑顔になるティーフードを紹介しましょう。

　ひとつ目は「おしゃれゆでたまご」。紅茶でおもてなしサロンにもふさわしい、紅茶を使ったメニューです。材料は卵5個、塩大さじ2、醤油50cc、こしょう少々、そして紅茶15gです。鍋に卵と被るくらいの水をいれたら火をつけます。沸騰後10分ゆで、固ゆで卵にします。時間がきたら卵は水につけます。冷えたら皿の端などで叩き、殻にまんべんなくひびをいれます。

　2ℓのお湯に、紅茶、醤油、塩、こしょう、上記の卵を入れ、約1時間半かけて液がなくなるぐらいまで煮つめます。最初の10分は強火にし、その後は弱火がポイント。できあがったらところどころ殻を残して、殻を剝きましょう。

　そしてもうひとつは「ケーキではないケーキ」、パンケーキで作ったサンドウィッチです。

断面も美しいケーキではないケーキ（P.118参照）。中にはサーモン、エビ、卵などがサンドされて彩り豊かです。

ガラスのティーポットにDrink Meの手書きのポップ
を添えるだけでもアリスの世界に近づけます。

ハートの女王が大好きな
ジャムビスケット。

アップル・ローズを飾ると、甘そうなケーキにしか
見えないケーキではないケーキ。

アリスのティーパーティーへご招待しましょう。

トランプ柄の型でくり抜いたサンドウィッチ。

このなかから、アリスのお話に出てくるモチーフを探すだけでもワクワクしてきそうです。

英国児童文学の発展・
子ども文化の台頭

　アリスの物語が誕生したヴィクトリア朝の英国では、さまざまな社会変化がありました。この当時の英国は多くの植民地をもち、最も富める時代でした。本格的な資本主義の到来と共に、発明の世紀を迎え、蒸気機関車、鉄道、紡績機械など新たな産業も誕生します。こうした産業革命により、新たに財を築いた中産階級も増加していきます。

　人びとは、刻々と進歩する社会の未来を信じ、未来を担う子どもに憧れを託し、子ども時代をかけがえのない時期として考えるようになっていきます。その結果、数回に及ぶ児童労働法の改善が行われ、1870年の義務教育法の制定、1884年の児童虐待防止協会創立などの社会改革も推進されていきます。

　「子どもは二の次」というのを時代遅れと考えるようになった中産階級の親たちは、子どもに深い愛情を注いでいくようになります。衛生知識の広まりや、栄養状態の改善に伴い子どもの生存率があがったことで、少なく産んでしっかり育てるという傾向も強くなります。

　そうするとひとりの子どもにかける経済的支出は増加していきます。折しも消費社会の到来とあって、子どものためのおもちゃや衣服、児童書、絵本、ぬいぐるみなどの子ども産業も出現してきます。そして子どもを教育するための部屋、ナーサリールームも登場します。そんな時代だったからこそ、子どものために書かれた『不思議の国のアリス』のお話は、世間にもより受け入れられていったのではないでしょうか。

　また18世紀半ばまで、子どもの本の多くは宗教的倫理観に支えられた道徳的かつ教訓的で、お説教くさい作品が中心でした。そのためどのような本が子どもに喜ばれるかといったことが考慮されることはありませんでした。19世紀になると子どもたちを教え諭す教訓物語よりも、物語の楽しさや面白さが重視されるようになり、軽妙な挿絵入りで子どもの内面へアプローチする、洞察に優れた作品が増えていきました。

　アリスの物語は、そんな時代の流れにもぴったりとはまったのでしょう。

2

ピーターラビットのランチティー

ミンミン先生が湖水地方から連れてきたピーターラビット。

　可愛らしいイラストと、ほほえましいストーリーで、世界中の人びとの心をとらえてやまない『ピーターラビットのおはなし』。世界で一番有名なうさぎの話、ご存知ですか？

　物語は、英国の田舎の農園を舞台にいたずら好きのうさぎピーターが、マクレガーさんの庭に入り込むことから始まります。マクレガーさんの畑は、ピーターのお父さんが捕らえられパイにされてしまったという、いわくつきの場所。最初は、気分よくレタスや、さやいんげん、はつか大根などを美味しそうに食べるピーターですが、マクレガーさんに見つかってしまい大事なブルーのジャケットや靴まで畑に置いたまま命からがら逃げだす羽目に。さらには、その晩、食べ過ぎて体調を崩してしまい、ハーブ屋を営むお母さん特製の整腸作用のあるカモミールティーを飲ませられる……というストーリー。

お茶会の招待を受けるイヌのダッチェス。

　この『ピーターラビットのおはなし』がとても好評で話題になったことから、シリーズ展開がされ、さまざまな性格や特徴を持つたくさんのキャラクターが生まれました。アフタヌーンティーをテーマにした『パイがふたつあったおはなし』は、紅茶好きの方にはぜひ読んでいただきたい一冊です。このお話は、イヌのダッチェスのもとに友だちのネコ、リビーからお茶会のお誘いの手紙が届くところから始まります。喜んで招待を受けるものの、リビーがご馳走してくれようとしているのが、自分の苦手なネズミのパイだと察知したダッチェス。そこで、自分が焼いた子牛とハムのパイとすり替えて穏便にすませようとします。お茶会に招いてくれた相手を傷つけないように、さらに自分を守るためにあたふたと奮闘するのですが、その行動が裏目に出てかえって相手を怒らせてしまう……という滑稽なお話です。

物語のなかのアフタヌーンティーのシーンと共に、お茶会の準備について、英国的なマナーを学んでみましょう。

お茶会のスタートは招待状から。物語のなかで、リビーはダッチェスに招待状を送っています。お花に囲まれて招待状を読むダッチェスのイラストは、とても印象的です。今はメールやSNSのダイレクトメッセージなどを利用する方が多いかと思いますが、ミンミン先生は、あえて現代でもヴィクトリア朝のように紙の招待状を大切にしているとか。滅多に手紙をもらわない現代だからこそ、ゲストの心に響くかもしれませんね。

❧～❧ 部屋の掃除 ❧～❧

物語にはリビーが部屋を整える場面も詳細に描かれています。ピーターのシリーズのなかには、『のねずみチュウチュウおくさんのおはなし』にチュウチュウおくさんというお掃除好きのキャラクターも登場します。

いつもより手間暇をかけてお掃除をしたら、綺麗になった部屋を人にも見てもらいたいもの。チュウチュウおくさんも綺麗にした自宅で、友だちのねずみをよんでお茶会をひらいています。

ミンミン先生は自宅でお茶会をしていたときは、準備は前日の家族の夕食が終わったあとから……が鉄則だったそう。そして当日の後片付けも家族の夕食の前までに。時間に区切りがあったほうが、だらだらせずに効率よくお掃除できる！　今日はいつもより5分早く終えられた！　そんな達成感も楽しみのひとつだったそうです。

❧～❧ ティーフードの準備 ❧～❧

お部屋が綺麗になったら、次はティーフードの用意。リビーも招待状に書いてあるように、「いままでたべたことのないほどおいしいもの！　そして、それをぜんぶあなたがめしあがってよろしいのですよ！　あたしはマフィンをた

しっかりと設えた部屋で、お茶会を楽しむリビーとダッチェス。
リビーのお気に入りの愛らしいティーセットも登場。

べますから」とたっぷりのメニューを用意してダッチェスを待っていることを
ピーアールしています。家庭的なリビーのお茶会には、他にもマドレーヌやマ
フィンが登場します。

　ミンミン先生は、「足で稼ぐ」をモットーにお茶会をしていたそうですよ。
今の時代、何でもインターネットで取り寄せできますが、店舗に行かないと買
えない品、季節限定の品……ゲストへのサプライズも兼ねて、ミンミン流「足
で稼ぐ」で、地元の名品を探してみるのもいいですね。

❧ テーブルセッティング ❧

お部屋の用意とティーフードの準備が整ったら、おもてなしをするためのテーブルセッティングも考えなくてはなりません。テーブルクロスをかけて、お茶の道具を並べて……もちろん、リビーも食器戸棚からお気に入りの道具を並べました。

ミンミン先生のお茶会では、時にはティーカップをゲストに選んでいただくこともあったそうですよ。カップを選ぶ順番は、くじ引きで決めることも。大人になっても、くじを引くのはワクワクドキドキするもの。童心に戻り「私一番だわ♪」と笑顔になるゲスト、他の人が何を選ぶのかみんなで予想をして楽しむ……好評の企画だったそうですよ。

❧ 身だしなみ ❧

テーブルの準備が整ったら……自分の身だしなみを綺麗に整えることも大切です。リビーもお茶会の準備をひと通り終えてから、自分の服を着替えています。また『こねこのトムのおはなし』では、お茶会のために身だしなみを整えて、ゲストを待つというシーンがあります。

このお話には、3匹のやんちゃな兄弟ネコたちが出てきます。お母さんがお友だちを呼ぶため、子どもたちを綺麗に洗い、綺麗なお洋服に着替えさせ、きちんとゲストを待っていることを伝えるのですが……。やんちゃな子ネコたちは、じっとしていられず、結局、服はすべて脱げ、あひるたちに持っていかれてしまうという始末。せっかく用意した衣裳が台無しになってしまったのです。

❧ 会話 ❧

清潔なお洋服を着て、いざゲストをお迎えしたあとは会話を楽しむ時間です。お茶会では会話が何よりのご馳走と考えられていました。今日はお招きした方とどんな会話をしようかしら……。リビーとダッチェスは同じ村に住んでいるため、お茶会当日、お買い物に出た際にばったり顔を合わせるハプニングに見舞われます。しかし、お茶会の会話を楽しみにしていた2人はそこではあいさ

今にもピーターが遊びにきてくれそうな世界にワクワクします。

つだけで、会話はしない……という選択をします。

　そしてお茶会の際には、相手が自分のためにしてくれたことに対して感謝の気持ちを伝えることもとても大切です。今風のいい方だと「褒め上手になる」ということ。お花や食べ物、お部屋のクロスなど、頑張って準備していたものを褒められるのは、やっぱり嬉しいものですよね。

　ミンミン先生がゲストの方にいわれて嬉しかった言葉は、「毎回のサプライズでゲストを喜ばせてくれる魔法使い」「ミンミン先生のお茶会は夢の世界、癒される」「楽しすぎて帰りたくない」「大人のファンタジーランド」「私のパワースポット」とのこと。参加者の方も褒め上手ですよね。

❦❧ 集合時間 ❦❧

　ピーターのおはなしのなかには、ゲスト側のマナーにふれているシーンもいくつか出てきます。日本ではお茶会に呼ばれたならば、ゲストは時間ぴったり、または5分ほど遅れての訪問が理想とされています。あまりに早く着いてしまうと、ホステス側の準備を邪魔してしまうことが懸念されるからです。時間前にはいかず、ホステス側にもひと息つく余裕をプレゼントできるくらいが理想といわれていますが、『パイがふたつあったおはなし』のダッチェスは、ヴィクトリア朝の英国の風潮に従い、時間より15分後に到着しています。

❦❧ 好き嫌いは表さないのが礼儀 ❦❧

　ピーターのおはなしで出てきたティーフードは、ホステス側とゲスト側の好みの違いによって、あまり喜ばれない結果となってしまうことが多いのですが、これは、お茶会のときに、自分の好き嫌いを表現するのはタブーとのマナーがあったからこそ、起きてしまったことでもあります。このような気遣いは現代にも通じること。嫌いなものや苦手なものでも、相手が心をこめて用意してくれたものなので、スマートに食べることが大人の礼儀になります。

　ダッチェスの場合には、それをごまかそうと小細工をしてしまったために、

紅茶とハーブのブレンドティーでのティータイム。英国でも人気のバーレイ窯のティーセット。

後に悲劇が起こるのです。このようなお話は、子どもたちの教訓として大切に
されました。食べ物にアレルギーがある方は事前に相談しておくとベストでし
ょう。

✤ ドールハウスでおもてなしの練習を ✤

　もちろん、こうしたお茶会の準備やマナーは、すぐに身につくものではありま
せん。英国では、子どもの頃から大人と一緒にお茶会に参加させることによ
って少しずつ学びを伝えていきました。またドールハウスを使ってお人形相手
におままごとのように、お茶会をイメージして遊ぶことによってもマナーを覚
えていきます。ピーターのおはなしのなかで、ドールハウスが登場するのが
『2ひきのわるいねずみのおはなし』です。

ベランダがガーデンティーパーティーの会場に早変わり。

　そんなピーターのおはなしをテーマに……ミンミン先生が気楽なランチティーを用意してくれましたよ。会場は、自宅のベランダです。

　ピーターのお父さんをイメージして用意したコテージパイ、うさぎたちの大好物のニンジンを使ったキャロットケーキ、ピーターのおはなしを手元に置きながらのお喋りもいいですね。

　ベランダのグリーンの一部は、実は、フェイク。フェイクだけを使用するとどうしても嘘っぽくなるところですが、本物のグリーンと混ぜておくと、意外にわからないもの。植物を育てるのが苦手という方にはおすすめの方法ですよ。

紅茶ピクルスピック（P.119参照）を丸ごとのレタスに。斬新なアイデアに歓声があがることでしょう。

ピーターのお父さんをイメージしたコテージパイ（P.121参照）。

紅茶とハーブのブレンド

　ベランダでのティータイムには、ハーブをブレンドした紅茶もおすすめです。ハーブ（Herb）は、ラテン語で「草」を意味する「Herbaヘルバ」が語源。ハーブは個性が強いため、好き嫌いがわかれることも。ハーブ単独ではなく、普段飲みなれている紅茶をブレンドすることで、飲みやすくなります。またハーブには、紅茶にない独特の色が出るものもあるので、アレンジティーに使用し、色、香りの付加をつけることで、より演出効果を増すこともできます。

　ハーブと紅茶をブレンドする際は、そのハーブがフレッシュハーブなのか、ドライハーブなのかを考慮し、入れる量を変えましょう。フレッシュハーブは、80％が水分でできているため、香りが柔らかいのが特徴です。ドライハーブは、少量でもかなり強く香りが出ることがあります。定期的に同じ味を楽しみたいときは、通年購入することができ、効能が強いドライハーブがおすすめですが、食卓の演出に使用したいときは、フレッシュハーブは贅沢感がありゲストにも喜ばれるかと思います。

　おすすめのブレンドティーのレシピをあげてみますので、参考にしてみてください。ベースにする紅茶は癖のないインド産のニルギリ、スリランカ産のヌワラエリヤ、ディンブラ、キャンディなどです。

美肌ブレンド

ハイビスカス
ペパーミント

風邪予防ブレンド

ペパーミント
カモミール

胃腸回復ブレンド

ペパーミント
カモミール
セージ

リラックスブレンド

カモミール
レモングラス

冷え性対策ブレンド

カモミール
ローズマリー

むくみ解消ブレンド

レモングラス
ハイビスカス

ピーターの大好きなニンジンをたっぷり使ったキャロットケーキ（P.120参照）。

ジェイン・オースティンの夜のおもてなし

18世紀、ジェイン・オースティンの時代の茶道具。

英国の夜のお茶会、紅茶でのおもてなしといえば、最初にあがるのが「アフターディナーティー」の文化ではないでしょうか。

上流階級、中産階級の夜のお茶として知られているアフターディナーティーは言葉のとおり、正餐の後のお茶会です。正餐を何時からとるのかは、実は階級によりルールが異なったといわれています。アフタヌーンティーの習慣がスタートする前は、上流階級の家庭では午後6時頃、中産階級の家庭では午後4時頃から正餐が始まりました。

リージェンシー時代の作家として知られるジェイン・オースティンの『分別と多感』のなかでは、午後7時には正餐がすべて終了しており、人びとは客間で正餐の後のお茶会、アフターディナーティーを楽しんでいます。

正餐は最低2時間かかるため、逆算をすると午後4時過ぎ、5時頃にはディナーが始まっていたことがうかがえます。正餐前にはもちろん、衣装替えもありました。

エリナーは午後7時ごろ、まだすやすや眠っているマリアンのそばを離れ、客間でジェニングス夫人とお茶を飲んだ。朝食は恐ろしい不安のために、ディナーは突然の回復の兆しのために、両方ともあまり食べられなかったので、今

日のお茶の時間はとても満足な気持ちで席に着くことができたし、とりわけありがたかった。

　ちなみに当時の正式な正餐は、5〜25品くらいの料理が一度に食卓に並べられ、みんなが必要なだけ食べると全部片づけられ、続いて同じくらいの量の料理が新たに運ばれてきたといいます。第1のコースと第2のコースがあったわけです。

　少しあとの時代にはなりますが、1861年に刊行された『ビートンの家政本』（イザベラ・ビートン編集）のメニューには、30人分の正餐として、1コース目は、野ウサギのスープ、ロイヤル・スープ、キジのスープ、ライチョウのピューレ、2コース目はラードで風味をつけたキジ肉、キジの冷製パイ、ライチョウ、ラードで風味をつけたヤマウズラ、猟鳥獣の肉を混ぜた熱いパイというように、ひとつのコースに複数の料理が書かれています。ゲストはこのなかから好きなものを自分で取り分けて食べていたのです。この後にお口直しのデザート、メイン料理3品、メイン、デザート……と正餐の時間は延々に続いたそうです。

　また同じくオースティンの『高慢と偏見』では、中産階級のベネット家の、上流階級を真似して遅い時間からの正餐のシーンがあります。

　5時になると、ビングリー姉妹は着替えのため部屋を出てゆき、6時半になると、エリザベスもディナーに呼ばれた。食事中はみんながジェインの病状を聞いてくれたが、とくにビングリー氏の質問は、ジェインの病気を心から心配する気持ちがこもっていた。
　エリザベスの隣に坐ったハースト氏は、これまた食べて、飲んで、トランプ遊びをするためだけに生きているような退屈男で、エリザベスがフランス風のシチュー（ラグー）料理よりも、さっぱりしたものの好きな女だとわかると、急に口も利かなくなってしまった。

　正餐が終わると、女性たちはドローイングルームへ、男性たちはダイニング

1680年創業のバースの老舗レストラン
Sally Lunn'sでは名物のバンズが楽しめます。
ティータイムの際は甘いトッピングで楽しむバンズも、
夜になると肉料理にアレンジされボリューム満点に。
ディナーより軽いハイティーとして楽しむことができます。

オースティンも執筆しながら、アフターディナーティーを楽しんでいたのでしょうか。

ルームで1時間ほど会話と葉巻、そしてポートワインを楽しむ習慣がありました。女性たちはお茶やコーヒーを飲みながら、ピアノを弾いたり、歌を歌ったり、読書をしたり、食後の憩いのひと時を楽しんでいたようです。

　ミドルトン夫人は食事が終わって、4人の騒々しい子どもたちが部屋に入ってくると、やっと楽しそうな顔をした。客間でお茶の時間になり、マリアンが歌とピアノが上手だとわかると、ぜひ聴かせてほしいという声が上がった。
　食事が終わって女性たちが客間へ下がると、会話の貧しさはとりわけ顕著になった。ダイニングルームではいちおう男性たちが、いろいろな話題——政治や、土地の囲い込みや、馬の馴らし方など——を提供したが、女性たちだけになると、そうした話題の提供も途絶えてしまった。コーヒーが運ばれてくるまで、女性たちはたったひとつの話題にすがりついた。

　上流階級のアフターディナーティーに対し、労働者階級を代表する夜のお茶といえば「ハイティー」ではないでしょうか。ハイティーとは、19世紀後半に、北イングランド、スコットランドの農村部で始まった軽い夕食の習慣です。
　もともと英国では、大人と子どもが共に食卓を囲む習慣がなく、子どもたちは、大人よりも先に夕食を食べ早く寝かされるのが普通でした。しかし19世紀後半、恋愛結婚をしたヴィクトリア女王夫妻の影響で、夫婦、家族のあり方が見直されてくると、金曜日や土曜日、少し早く仕事を終えた男性たちは、帰宅後に子どもたちと夕食を共にするようになりました。ハイティーは手抜きの夕食ともいわれ、プロセスチーズやコールドハム、サラダ、パン、フルーツと、ほとんど手をかけずにできるティーフードを中心に楽しまれます。
　ハイティーの言葉の語源は定かではなく、いくつかの説があります。ひとつ目は貴族たちがアフタヌーンティーを楽しんだ応接間でのテーブルが、ローテーブルが主流だったことにかけて、労働者階級の人びとがダイニングで楽しむダイニングテーブルのことを「ハイテーブル」と呼んだことから。二つ目はダイニングテーブルに合わせる背もたれが高くしっかりした椅子「ハイバックチ

焼きたてのウェルシュ・レアビットは食欲をそそります。

ェアー」から由来しているという説。三つ目は肉料理を食べないアフタヌーン
ティーは栄養価の低い「ロウ」、肉料理を含むハイティーは栄養価が高いので「ハ
イ」という説です。

　英国では軽い食事を「ティー」と呼んでいたことから、メニューが肉類中心
のこの習慣は「ミートティー」とも呼ばれました。こうして労働者階級から始
まったハイティーの文化は、中産階級の家庭でも使用人に休みを与える日曜日
の夕食として取り入れられるようになりました。『ビートンの家政本』のなか
には、「ハイティーでは肉が重要な役割を担い、このティータイムはディナー
ティーと位置づけるべきである」と書かれています。
　1888年に開催されたグラスゴー国際博覧会では、会場内のレストランに「ハ
イティー」のメニューが登場し、紅茶とウェルシュ・レアビット（チーズトー
スト）が提供されています。それくらいハイティーという文化が普及していた
ということでしょう。

　しかしハイティーは、毎日お抱えシェフの作る正餐が待っている上流階級の
人びとには縁のない習慣です。

ブレッド＆バタープディング（P.122参照）は、ダイアナ妃もお気に入りだったそうです。

　少し軽めの夕食を親しい友人と……外で軽い食事をしてきた家族と、改めての夜の時間を……など、ハイティーは現代の私たちの生活のなかでも楽しめる要素がたくさんあるのではないかと思います。もちろん夕食後のアフターディナーティーを大切にするのもいいですよね。

　そんな夜のティータイムにおすすめのスイーツを紹介しましょう。ひとつは「ティーブレッド」。ドライフルーツがたっぷり入ったパウンドケーキで、英国では簡単な食事の時間に食べることが多いティーフードです。ポイントはドライフルーツをひと晩紅茶で漬け込んでいるという点です。紅茶を含んだドライフルーツは香りが高くなり、とても美味しいんですよ。軽く焼いて、有塩バターをのせていただくのが英国流。
　そしてもうひとつは「パンプディング」。余ったパンや硬くなったバゲットなどを使って作るお菓子のことで、「ブレッド＆バタープディング」とも呼ばれています。軽い夕食にもピッタリです。

　夜の時間のティータイムは身体の保温のために、少しだけお酒を紅茶に垂らしたり、スパイスを紅茶とブレンドしたりするのもおすすめです。身も心もポカポカにしていきましょう。

ティーブレッドは軽食にピッタリです。フルーツを一緒に楽しむのもいいですね。

イマリ柄のティーセット。大人の雰囲気が漂います。ロイヤルクラウンダービー窯（1880年代）。

　そんな夜のティータイムにおすすめの食器が、ミンミン先生の憧れの「イマリ」。イマリはジェイン・オースティンの生きたリージェンシー時代に大ブレイクしたデザインです。

　もともとイマリ柄は、日本の伊万里湾から輸出された東洋磁器の一種「金襴手」が大もとになっています。17〜18世紀に東洋から運ばれた「金襴手」は西洋ではイマリの愛称で、主に宮殿の装飾品として愛されました。大皿や、壺など大物の磁器がメインだったため、食卓で使われるものではありませんでした。

　しかしオースティンの時代、英国で起業した磁器窯でイマリが模倣されるようになると、西洋の食卓に適したディナー皿やスープ皿、ティーカップ、ティーポットなどが製作されるようになり、イマリは英国を代表する食卓芸術に発展しました。

暖炉の前でのティータイムは心安らぐひとときです。

夏の社交ピクニックティー

籐でできたピクニック・バスケット「ハンパー」。
ピクニックの雰囲気にピッタリです。

　ピクニックとは、お外で食事をとりながら社交パーティーをすることです。
場所に定義はなく、公園でも、自宅の庭でもＯＫ、皆が集まって屋外で食事を
すれば、それはピクニックとされます。

　穏やかで暖かな陽気が続くようになってくると、英国人は待っていましたと
ばかりに家族、友人たちとピクニックを楽しみ始めます。ピクニックシーンは、
公園はもちろんのこと、スポーツ観戦、野外コンサート、ドライブ中のティー
ブレイクなどさまざまなスポットで見られます。ピクニック慣れをしている英
国人のこだわりを知り、私たちも素敵なピクニックをすごせるようになれれば
嬉しいですね。

　フランスで発祥したピクニックの文化は18世紀に英国に渡り、まず上流階
級の人びとに定着しました。彼らは自分の領地内でとれた肉、野菜やフルーツ
などを使った料理で、ゲストをもてなすことをステイタスにしていました。豊

作の年は、領地内に住む労働者階級の人びとを招いて、ピクニックを開いた心の広い領主もいたようです。ジェイン・オースティンの作品『エマ』のなかにも、領主が村民を招いてのピクニックをするシーンがあります。

　さらに広い階級層にピクニックが定着したのはヴィクトリア朝時代。無料で利用できる公園、休日の制定、そして鉄道の発達……さまざまな要因が、ピクニックの流行に貢献をしました。『不思議の国のアリス』のお話も川辺でのピクニック中に誕生しました。スコットランド系の移民を祖先に持つルーシー・モード・モンゴメリの作品『赤毛のアン』にもピクニックティーのシーンが登場します。

　英国で国民的娯楽にまで発展したピクニック。そのピクニックをより楽しむために、ヴィクトリア朝より親しまれたルールがあるそうですので紹介しますね。

1 ピクニックは社交である
形式ばらない出会いの場と心得るべし

　日本でもお花見を代表とする屋外での宴会は多くありますが、「出会い」というよりは身内の集まりのイメージが強いかもしれませんね。

2 思い立ったが吉日、屋外の気候も活かすべきである。蒸し暑い日には涼風のナイトピクニック、寒い日には陽だまりのランチピクニック、適した時間と場所を見つけて楽しむべし

　ピクニックはどこでもできる。ミンミン先生のように、マンションのベランダでも！　特別な日でなくても、チャレンジしてみるのもいいかもしれません。春や初夏のイメージがあるピクニックですが、時間帯を工夫することで意外にさまざまなシーズンで楽しめるものかもしれません。

3 ピクニックに統一性を求めてはならない。そのためピクニックにホステスはいない、すべての人が平等な持ち寄り食事が原則である

　ピクニックは持ち寄りが原則。エコの意識の進んだ英国では、食品をビニー

ル袋、紙袋にいれていくのは歓迎されず、ピクニックハンパーと呼ばれる籐の
バスケットの中に詰めて運ぶことが定着しています。もちろんゴミも持ち帰り
ます。

4 ピクニックで労働を課してはならない、料理は手軽さを旨とする
しかし，安易であってはならない

　ピクニックは現地で何かを作ることは基本せず、持ち寄られたものだけを楽
しむことが原則です。ピクニックのフードで人気なのは、パンにバター、ハム
やチキン、ハード・チーズ、サラダ、ポークやキジ肉のパイ、ドライフルーツ
がぎっしり詰まったフルーツケーキなど。昔はクーラー・バッグなどありませ
んので、ハンパーの内部に藁を敷き、バターなどは冷たいレタスの葉に包むな
どして温度調節を工夫していたようです。また英国料理のひとつとして有名な
スコッチエッグやソーセージロールも伝統的なピクニック料理といわれており、
冷めた状態で食べるのが基本とされています。

　もちろんサンドウィッチも定番メニューです。パンと具材だけを用意してき
て、好きなものをパンに挟んでいただくというのもピクニックの楽しみのひとつ
です。

5 煮炊きをしてはならない
しかし、紅茶の湯だけは例外である

　煮炊きは禁止、でも紅茶はOKというのが英国らしいですよね。水とポット
を持っていき、その場で淹れて楽しむというのが英国流。お気に入りのカップ
で飲む屋外での紅茶は、格別の味のはずです。

6 道具にこだわりを持つべし
ピクニックは生活様式の表れである

　英国ではピクニックは自宅の食空間がそのまま屋外に移動しただけのもの
……ととらえられています。とくに屋外での食事は、室内以上に人目を気にし

なくてはいけないもの。食の楽しみのひとつである食器類にも手を抜かず、陶磁器製の食器を持っていくことを基本としています。

そのため、ハンパーには、食器類を固定するホールディングがついたものが多く見られます。20世紀に入り車の登場によって、揺れる車の運転で大切な食器が破損しないようにと工夫されたそうです。

7 ラグに上がりこむのではなく
ラグを囲んで座るべし

英国ではラグは「テーブル」と見なされており、あくまでも食事を広げるためのものと考えられています。そのためラグに上がりこむのは厳禁。囲んで座り、食事と会話を楽しみます。そのためビニール素材のレジャーシートではなく、布製の大ぶりなラグが人気です。

8 ピクニックに事件は付きものである
悪天候、池に落ちる、食べ物が鳥にさらわれるなどのハプニングにあっても泣いてはいけない

ピクニックは自然との共存を楽しむものということですね。

9 ピクニックには
三々五々集散すればよい

途中退席もOK。このあたりのカジュアルさが、ピクニックが日常の英国ならではの発想です。

10 雨降りは新たな幸いととらえるべし
楽しみのかたちはひとつではない

1日のうちに四季があるという英国では、さっきまで晴れていても、急に雨……なんてことは日常茶飯事。雨も楽しみのひとつとしてとらえましょう。

エリザベス2世の戴冠式のお祝いに出されたというコロネーションチキン（P.114参照）はサンドウィッチの具材にしてもOK。

冷めても美味しいソーセージロール（P.123参照）。満足感もいっぱいです。

紙皿や紙コップはNG。ピクニックは生活美の表れ、ポートメリオン窯の植物柄の食器で優雅に楽しみましょう。

冷凍フルーツを氷代わりに使ったアイスティー。気軽に楽しめますね。

　ピクニックにピッタリのミンミン先生お気に入りの乾杯用のアイスティーを教えてもらいましたよ。淹れ方はとても簡単。

　アイスティー向きのさっぱりめの茶葉12gに熱湯を340cc注ぎます。いつもより少し短めに蒸らし、茶こしで濾したら用意しておいたグラニュー糖20gを溶きます。ボウルの中に少し多めに氷を用意し、熱々の紅茶をすべて注ぎます。軽くなじませたら、すぐに氷を取り除き、常温より少し冷たいアイスティーに仕上げます。

　アイスティーは水筒に入れピクニックに持っていきます。氷代わりにするのが、冷凍のミックスベリー。こちらは保冷剤と一緒に適量を密閉容器などに入れて持参しましょう。グラスにミックスベリーを10粒ほど先にいれ、上から紅茶を注ぐと……ミックスベリーが氷の役目をしてくれます。少し溶けてくるとフルーツの甘味も出てきて美味しいですよ。

　ピクニックは競馬場でも楽しまれます。映画『マイ・フェア・レディ』のオ

ードリー・ヘップバーン扮するイライザが「ロイヤル・アスコット」で競馬に興じるシーンが憧れで、いつか、そんなスペシャル体験をしてみたいと10代前半から夢見ていたミンミン先生。その憧れが、いっそう強くなったのが英国でロイヤル・アスコット帰りの紳士淑女のグループに出会ったことによって……でした。まるで映画のワンシーンのように、そこだけスポットライトが当たっているかのように感じ、ドキドキが止まらなくなってしまったそう。

　時を経て、いよいよ夢が実現する日がやってきました。ロイヤルファミリーがウィンザー城から馬車で会場入りする「ロイヤルパレード」を見学、そしてメインの競馬観戦、ピクニックアフタヌーンティーも体験。アフタヌーンティーのメニューは定番のものだったそうですが、「ティーフードはどうでもいい。一番大事なのは人との交流」そんな言葉を実感する貴重な時間だったそうですよ。

晴天に恵まれたロイヤル・アスコット。

英国ファンタジー クリスマスのお茶会

クリスマスプディングは英国のクリスマスの食卓に欠かせません。
食べる前にフランベをする時間も楽しみ。

　クリスマスは古代英語の「Christ's Mass」がひとつになったもので、キリストのミサという意味があります。東方の三博士がキリスト誕生を知らされた12月25日からベツレヘムに到着した1月6日までが英国のクリスマスです。

　クリスマスの習慣は、ファンタジーのなかにも投影されるようになります。日本でも小説、映画ともに人気の『ハリー・ポッター』のなかのクリスマスシーンは印象的ですよね。ミンミン先生は、自宅のサロンでハリー・ポッターをテーマにお茶会をした際には、英国のロケ地や、撮影所、USJの取材など、準備も大いに楽しんだそうです。

📖『ハリー・ポッターとアズカバンの囚人』 J.K. ローリング

「そうこうする間に、城ではいつもの大がかりなクリスマスの飾り付けが進んでいた。（中略）柊や宿木を編み込んだ太いリボンが廊下にぐるりと張り巡らされ、鎧という鎧の中からは神秘的な灯りがきらめき、大広間にはいつものように、金色に輝く星を飾った十二本のクリスマスツリーが立ち並んだ」。

クリスマスが近づくと、魔法学校ホグワーツの大広間にはクリスマスツリーが飾られ、先生が魔法で飾り付けをします。

　クリスマス当日、大広間の天井から魔法の雪が降り、クリスマスディナーには七面鳥のロースト、クリスマスケーキ、クリスマスプディングなどの伝統的なご馳走が出ます。『ハリー・ポッターとアズカバンの囚人』では、クリスマスにウィズリーおばさんからハリーに、手作りミンスパイが1ダース贈られました。12月25日から1月5日までの12夜に1日1個ずつ食べるミンスパイ。この期間に12個のミンスパイを食べると、新しい年に幸運が訪れるといわれているのです。

　ハリー・ポッターシリーズのなかには他にもクリスマスディナー、クリスマスクラッカー、クリスマスダンスパーティー、宿木などなどクリスマスのシーンがたくさん登場しますので、英国のクリスマスの習慣について知りたい方にはおすすめです。

ロイヤルアルバート窯のクリスマス柄のプレート。
ミンスパイの食べ比べ。最近は日本でも販売が多くなってきました。

　大人も子どもも楽しみにしているクリスマスですが、ナルニア王国シリーズ
では、ナルニア国は「クリスマスが来なくなってしまった国」として描かれて
います。

📖『ライオンと魔女──ナルニア国ものがたり』 C.S. ルイス

「魔女はものすごくおそろしい人なの。自分ではナルニアの女王だと言ってい
るけど、（中略）そのひとは魔法を使って、ナルニアをいつも冬にしているの
よ──いつも冬のくせに、クリスマスにはならないんだって」。

　4人の兄妹は、戦争の空襲を避けるため、ロンドンから地方の古い洋館に疎
開してきました。大きな洋館に引っ越してきた4人は、屋敷探検を始めました。
いくつもの部屋を見て回るなかで、衣装簞笥だけがぽつんと置かれている部屋
を見つけました。末っ子のルーシィは中に掛けられた毛皮のコートが気になっ
て、簞笥の中に入っていきます。 するとなぜか足元には雪が積もり、その先
には街灯が……ルーシィはいつのまにか、真夜中の森に立っていたのでした。
　ルーシィが迷い込んだのは、もといた世界とは別の世界、魔女に支配され
た国「ナルニア」でした。白い魔女の支配により、ナルニア国は永遠の冬に閉
じ込められていました。魔女の魔法によって一年中冬なのに、ナルニアにはク
リスマスが来ないと聞きルーシィは驚きます。
　兄妹はナルニアの平和を取り返すために正義のライオン、アスランと共に戦
いに参加することになるのですが、平和への希望が見えてきたことにより、物
語の途中では、サンタクロースが復活し、子どもたちにプレゼントを配るとい
うシーンが登場します。英国ではサンタクロースのことをファーザー・クリス
マスと呼んでいます。ファーザー・クリスマスは聖ニコラスが由来となってい
るといわれています。そして、聖ニコラスは子どもの守護聖人とも呼ばれてい
ます。

子ども部屋のクリスマスをイメージして、タータンをテーマにクリスマスツリーを演出してみました。

ナルニア国の演出。英国のファンタジーは大人になっても楽しめます。

　同じく小説、映画ともに人気のメアリー・ポピンズシリーズ。東風が吹く日に、こうもり傘につかまって空からやってきたメアリー・ポピンズは、ロンドンのさくら通り17番地にあるバンクス家にナースとして居着きます。そして子どもたちを不思議な冒険の世界へ導きながら教育をしていきます。

📖『風にのってきたメアリー・ポピンズ』P.L.トラヴァース

「クリスマスでだいじなことは、物をおくるってことじゃない？　それに、わたし、なんではらったらいいんでしょう？　空にいて、お金なんかもっていないんですもの」。

　メアリー・ポピンズとバンクス家の子どもたちジェインとマイケルは、クリスマスプレゼントを買うために百貨店に出かけます。その際、おもちゃ売り場でプレアディス星団から来たマイアという不思議な少女と出会います。「クリスマスに買い物に来たいと思うのは世界中で、あなたたち2人だけではなし」とメアリー・ポピンズがいうように、星からきたマイアにとっても家族のためにクリスマスプレゼントを選ぶことは特別なことでした。
　ジェインとマイケルは、マイアが家族のためのプレゼントを優先し、自分の買い物は我慢していることに気づき、彼女に何か贈り物をしようとひらめきます。子どもたちの心を汲んだメアリー・ポピンズが代表して自分のおニューの真っ赤な手袋をあげました。

　クリスマスは慈愛の心を表す日。英国ではそれが何より尊いと考えられています。実はミンミン先生の自宅でのお茶会のラストテーマは「クリスマス」だったそうですよ。クリスマスは誰かを笑顔にする日。自宅でのお茶会でたくさんの受講生を笑顔にしてきたミンミン先生。きっと参加された方の心に残る素敵なお茶会だったことでしょう。

ウォールステッカーを使っての演出。通りを行く人にも楽しんでいただきました。

クリスマスツリーを眺めながら……！

フルーツたっぷりのクリスマス・ティーパンチ（P.124参照）は大人も子どもも大好物。

Part 7
おもてなしの極意

「相手への思い」と「共に楽しむ気持ち」

　美味しい紅茶を淹れるのに最も大切なものが、「茶葉」と「水」だとしたら、おもてなしにおいて最も大切なものは「相手への思い」と「共に楽しむ気持ち」ではないでしょうか。

　ゲストの笑顔を想像すれば、お茶会の準備は決して面倒で大変なものではなく、自分自身もワクワク楽しめるとのこと。それは、まさに「おもてなし」の第一歩なのだと思います。

　ただ、頑張りすぎて、前日に寝られず、当日ゲストの前で体調不良で気分が上がらない、相手に体調を心配されるようでは本末転倒。自分のできる限り、「等身大の愛」が伝われば充分ではないでしょうか？　完璧なおもてなしではなくても、たとえ少し抜けてしまっても、相手を思うハートは伝わるはずです。

　実はミンミン先生には、30年以上たった今でも心に残るおもてなしがあるそうですよ。それは1984年のこと。まだ「ホームパーティー」という言葉が、日本で珍しかった時代。雑誌編集記者だったミンミン先生は「パーティー講座」という企画を立案しました。「バースデーパーティー」はもちろん、「パジャマパーティー」や「ハロウィンパーティー」などなど。その際、時代の先端をいく芸能音楽関係のご夫妻が有名ホテルで「アンセリウム・ナイト」というテーマで、パーティーレクチャーを開催されると聞き、取材に向かったそうです。

　夏のリゾートのイメージ、エキゾチックな「アンセリウム」の花をふんだんにディスプレイした会場。料理やドリンクもリゾートを意識したトロピカル仕様。参加者もそれは華やかに装い、20代前半だったミンミン先生にとっては、刺激的な取材になったそうです。レクチャーで一番印象に残ったのが、ご夫妻が自宅のパーティーで、「四角いスイカ」を玄関に飾ってゲストを驚かせたと

いうエピソード。2021年の今でも珍しい四角いスイカを当時見た方は、「どう
やって育てたの？」「美味しいの？」と、興味津々、質問が途絶えなかったとか。

「四角いスイカ」

　レクチャーに感動したミンミン先生は、いつか自分も「四角いスイカ」を入
手して、パーティーを開いてみたいと夢見たそうです。ただ当時、その珍しい
果物はなんと約5万円。とても手が届かない。

　それでは何か「四角いスイカ」に代わるサプライズはないか？　皆が喜ぶ「ト
ーキング・グッズ」になる面白いものはないか？　と、その日から、「サプラ
イズ・アイテム」を探すようになったそう。感動をそのままにせず、行動に移
すこと……素敵だなと思います。

　お茶会のテーマが決まればネット検索をし、街を歩いて「足で稼ぐ」。それ
は可愛いティーカップでもいいし、話題のお取り寄せスイーツでもいいし、珍
しいお花でもいい。ゲストの皆さんが笑顔で、そのアイテムを楽しんでくれた
ら集まりは盛り上がること間違いないとミンミン先生。

ミンミン先生が用意してくれた本物の「四角いスイカ」。
はじめて見ました！

〈ミンミン先生〉の還暦パーティー。赤いちゃんちゃんこの代わりに、赤いドレス、赤い装花。
お人柄がうかがえる素敵なひとときでした。

数年前に還暦を迎えたミンミン先生、還暦の際にはなんと、自らが主宰で「パーティー」を開催。真っ赤なドレスでまるで花嫁のように甥っ子さんにエスコートされ螺旋階段を降りてきた瞬間、ゲストたちは大興奮。前年還暦を迎えたご友人から渡された真っ赤な薔薇のティアラ、パーティー中はミンミン先生が楽しまれ、そしてパーティーのラストでは来年還暦を迎えるお友だちに贈られ……そんな赤い薔薇のティアラのリレーもとても素敵でした。

　還暦パーティーは誰かにしてもらうもの……という固定観念を打ち破った会そのものの開催が、まさに「四角いスイカ」でした。

「三つのありがとう」

　そして、ミンミン先生が、招く側、招かれる側、どちらの際にも大切にしているのが「三つのありがとう」のマナー。

　ひとつ目は、帰り際に。「来ていただき、ありがとう」「楽しかったです、ありがとう」。

　二つ目は、後日ブログやSNSで「こんな素敵な時間になりました、ありがとう」「こんな会に参加して楽しかった、ありがとう」。ツールがなければ、個人的にメッセージでもいいですね。

　そして三つ目は、時間を経てのありがとう。「あのお話、心に残っています、ありがとう」「あの時間は夢のようだったわ、ありがとう」。

「感謝の気持ちを伝える」という人生において最上のマナーは、ティーカップの正しい持ち方や、正しいスコーンの食べ方よりもずっと大切なこと。

　その場を笑顔ですごすこと、「心地よい空間づくり」を互いに心がけること。時にはお茶会の雰囲気に身を委ねてみるのもいいでしょう。

「お茶会」で学ぶ「コミュニケーション」は、「人生のレッスン」につながるのでは？　とミンミン先生。「三つのありがとう」すべての実践は難しいかもしれませんが、心に留めておくことは、素敵なことだと思います。

キューカンバー・サンドウィッチ

（Cha Tea 紅茶教室）

材料　4人分

キュウリ……2〜3本　　　　サワークリーム……30g（常温）　　バター……20g（常温）

レモン……1/4個　　　　　　食パン（10枚切り）……10枚

クリームチーズ……30g（常温）　スペアミント……適量

作り方

① キュウリをピーラーで薄くスライスし、食パンの幅に合わせてカットする。レモンを軽
くふりかけキッチンペーパーで水分をふき取る。

② ボウルにクリームチーズを入れて、なめらかになるまで練り、サワークリームを加えよく
混ぜる。

③ 食パン5枚に②を塗り、ミントをちぎってのせて、その上にキュウリを重ねる。残りの
5枚にはバターを塗ってサンドする。

④ ラップをして冷蔵庫でしばらく寝かせてから、好みの大きさにカットして完成。

おすすめのペアリングTEA

ダージリン・セカンドフラッシュ、ダージリン・オータムナル、ニルギリ、
ヌワラエリヤ、キームン

コロネーションチキン

（Cha Tea 紅茶教室）

材料　4人分

水……500cc　　　　　　　　　　　ホースラディッシュ……小さじ1

ティーバッグ（ダージリンなど）……2個　チャツネ……小さじ1

鶏ささみ……4本　　　　　　　　　カレー粉……小さじ2

クリームチーズ……30g（常温）　　玉ねぎ……1/4個

ヨーグルト……30g　　　　　　　　塩……少々

マヨネーズ……30g　　　　　　　　アーモンドスライス……少々（180度のオーブンで 5分ローストしておく）

作り方

① 鍋に水を入れ火にかけ沸騰したら、ティーバッグと鶏ささみを入れて5分ほどゆで火を
止めて冷ます。

② ボウルにクリームチーズとヨーグルトを入れて混ぜる。さらにマヨネーズ、ホースラッ

シュ、チャツネ、カレー粉を加え混ぜる。

③ 玉ねぎはみじん切りにして、軽く塩を振り、絞って水気を切ってから②のボウルに加える。

④ ①の鶏ささみを食べやすい大きさに手で割って③に加え、味をみて塩で調える。

⑤ 器に盛り、アーモンドスライスをふりかけて完成。

おすすめのペアリングTEA
ニルギリ、ディンブラ、キャンディ、キームン

ヴィクトリア・サンドウィッチケーキ

（Cha Tea 紅茶教室）

材料　18cm丸型ケーキ（サンドウィッチ・ティン）2個使用　1台分

生地
- 無塩バター……115 g（常温）
- 細目グラニュー糖……115 g
- 卵……2個
- 薄力粉……145g
- ベーキングパウダー……9g
- 牛乳……60cc

フィリング
- 無塩バター……55g（常温）
- 粉糖……55g

ラズベリージャム……80g

下準備
型の内側に薄くバターを塗り、底にクッキングシートを敷いて側面に薄力粉をまぶしておく。

作り方

① 大きめのボウルに無塩バターを入れて、ハンドミキサーでやわらかくする。細目グラニュー糖を一度に加え、空気を含んで白っぽくなるまで攪拌（かくはん）する。

② 溶いた卵を①に数回に分けて加え混ぜる。

③ ②に薄力粉とベーキングパウダーをふるい入れる。ゴムベラで切るように混ぜる。

④ ③に牛乳を加えゴムベラで生地がなめらかになるまで混ぜる。

⑤ 下準備をしたサンドウィッチ・ティンに、④の生地を2等分にして入れ、予熱しておいた170℃のオーブンで20～25分焼く。

⑥ オーブンから取り出し、型に入れたまま冷ます。

仕上げ

① 無塩バターをやわらかくなるまで練り、粉糖をふるい入れる。空気を含んで白っぽくなるまでハンドミキサーで攪拌してバタークリームを作る。

② 冷めたスポンジに1枚はジャム、もう1枚はバタークリームを塗り、重ね合わせる。

おすすめのペアリングTEA
ダージリン・セカンドフラッシュ、ダージリン・オータムナル、ニルギリ、ディンブラ（ミルクティー）

スコーン

（Cha Tea 紅茶教室）

材料　5cmの丸型　6個分

薄力粉……230g

ベーキングパウダー……6g

塩……2g

無塩バター……50g

細目グラニュー糖……25g

牛乳……80〜100cc

つや出し用 ┌ 卵……1個
　　　　　└ 牛乳……大さじ1

作り方

① 薄力粉、ベーキングパウダー、塩をふるって小さく切った
　 無塩バターを加え粉状になるまで指先ですり合わせる。

② ①が粉状になったら細目グラニュー糖を加え混ぜる。

③ 牛乳の半量を少しずつ②に加え混ぜる。残りの牛乳を調整しながら加え、生地がまとま
　 ってきたら、数回こねてまとめる。

④ 打ち粉（分量外）をした台に取り出し、麺棒で生地を厚さ2cmにのばし丸型でくり抜く。
　 残りの生地も軽くまとめて同様に成型する。

> 時間があれば
> ラップをして
> 30分ほど冷蔵庫で
> 寝かせる。

⑤ 天板にクッキングシートを敷き生地を並べる。表面につや出し
　 用卵液をハケで塗り、予熱しておいた180℃のオーブンで15〜
　 20分焼く。

> まっすぐに
> 立ち上げたいときは、
> ここでさらに30分
> 冷蔵庫で寝かせる。

おすすめのペアリングTEA

アッサム（ミルクティー）、ウバ（ミルクティー）、ディンブラ（ミルクティー）、
キャンディ（ミルクティー）、ルフナ（ミルクティー）

カップケーキ

（Cha Tea 紅茶教室）

材料　カップケーキ用型　12個分

生地
- 無塩バター……120g（常温）
- 細目グラニュー糖……120g
- 卵……2個
- 薄力粉……150g
- ベーキングパウダー……10g
- 牛乳……60cc

仕上げ用
- 無塩バター……130g（常温）
- 粉糖……100g
- ルビーチョコ……12g
- カシスピューレ……小さじ2

ラズベリージャム……適量

作り方
① 大きめのボウルに無塩バターを入れハンドミキサーでやわらかくする。細目グラニュー糖を一度に加え空気を含んで白っぽくなるまで攪拌する。
② 溶いた卵を①に数回に分けて加え混ぜる。
③ ②に薄力粉とベーキングパウダーを数回に分けふるい入れ、ゴムベラで切るように混ぜる。
④ ③に牛乳を加えゴムベラで生地がなめらかになるまで混ぜる。
⑤ カップケーキの型に紙を敷き生地を入れ、予熱しておいた170℃のオーブンで15分焼く。
⑥ 焼きあがったら型から外し、網の上で生地を冷ます。

仕上げ
① 無塩バターをやわらかくなるまでハンドミキサーで混ぜ、粉糖をふるい入れてさらに混ぜる。
② 電子レンジで溶かしたルビーチョコとカシスピューレを①に加え混ぜ、絞り袋に入れておく。
③ カップケーキの中央をくり抜き、ラズベリージャムを入れる。
④ ②のバタークリームを③のカップケーキの上に絞って完成。
⑤ 好みで薔薇の花などを飾る。

おすすめのペアリングTEA
ウバ（ミルクティー）、ディンブラ、キャンディ

ケーキではないケーキ

（坂井みさき）

材料　12cm丸型ケーキ（セパレートタイプ）　1台分

冷凍パンケーキ(約12cm)……5枚

卵……2個

エビ……60g

ブロッコリー……60g

スモークサーモン……60g

塩……小さじ1/2

こしょう……少々

サラダ油……適量

仕上げ用 ┌ クリームチーズ……250g（常温）
　　　　└ 牛乳……10cc

マシュマロ……適量

作り方

① 冷凍パンケーキは解凍しておく。

② ボウルにやわらかくした仕上げ用のクリームチーズを練り、牛乳を加え混ぜておく。

③ 卵、エビ、ブロッコリーをゆで、それぞれを粗みじん切りにして、塩、こしょうする。

④ ケーキ型の底と側面にサラダ油を塗っておく。

⑤ ④にパンケーキ1枚を入れる。

⑥ ⑤の上にゆで卵を隙間なく置き、パンケーキを1枚重ねる。

⑦ ⑥の上に、エビ、パンケーキ、ブロッコリー、パンケーキの順に重ねていく。

⑧ ⑦の上にスモークサーモン、パンケーキを重ね、ケーキ型に収まるように押し込む。

⑨ ⑧のケーキ型を逆さにして、崩れないように型を外す。

⑩ 型から取り出したパンケーキの側面と上部に、ナイフで②を塗る。

⑪ マシュマロやアップルローズ（P.52レシピ参照）、クッキーなどを、「甘いケーキ」に
見えるように飾りつける。

おすすめのペアリングTEA

ダージリン・セカンドフラッシュ、ヌワラエリヤ、ニルギリ、キームン

紅茶ピクルスピック

（坂井みさき）

材料　4人分

Ⓐ キュウリ……1本
　 パプリカ赤・黄色……各1個
　 ニンジン……小1本
　 プチトマト……10個

Ⓑ リンゴ酢……200cc
　 グラニュー糖……60g（好みにより量を調整）
　 塩……小さじ1
　 こしょう……少々
　 ローレル……3枚

茶葉（ヌワラエリヤ、キームンなど）……5g
熱湯……100cc
チェダーチーズ……適量
レタス……1個

作り方

① 　Ⓐの野菜をひと口大にカットし保存容器に入れておく。
② 　ポットに茶葉を入れ、熱湯を注いで3分蒸らす。
③ 　鍋にⒷの材料を入れて温め、②の紅茶も入れピクルス液をつくる。
④ 　①に③のピクルス液を入れて、しばらくなじませる。
⑤ 　ピックに紅茶ピクルスとチェダーチーズを刺して、レタスに飾る。

おすすめのペアリングTEA
ダージリン・オータムナル、ニルギリ、キームン、ラプサンスーチョン

キャロットケーキ

（Cha Tea 紅茶教室）

材料　18cm　丸型ケーキ1台分

卵……130g（2.5個）
細目グラニュー糖……115g
サラダ油……130g
ニンジン……220g（3本）
クルミ……70g
仕上げ用フロスティング

Ⓐ 中力粉……150g
　 ベーキングパウダー…3g
　 重曹……2g
　 シナモン……1g
　 塩……1g

⎡ 無塩バター……50g
⎢ クリームチーズ……100g
⎣ 粉糖……20g

下準備

型にバターを塗り、
クッキングシートを敷いておく。
ニンジンを粗く、形が残る程度に
すりおろす。クルミは160℃のオーブンで
5分ローストし刻んでおく。
中力粉、ベーキングパウダー、重曹、
シナモン、塩をあわせて
ふるっておく。

作り方

① 卵と細目グラニュー糖を軽くふんわりするまでハンド
　 ミキサーで攪拌し、サラダ油を加えてさらに2〜3分攪拌する。
② ①にニンジンを入れゴムベラで切るように混ぜる。
③ さらにあわせてふるっておいたⒶを加え混ぜ、最後にクルミも混ぜる。
④ 型に③の生地を入れ、予熱しておいた180℃のオーブンで約45分焼く。
⑤ オーブンから取り出し、型に入れたまま冷ます。冷めたら型から外す。

仕上げ

① 無塩バターとクリームチーズをハンドミキサーでなめらかになるまで混ぜ合わせ、粉糖
　 を加え混ぜフロスティングを作る。
② ケーキの上に①を塗って仕上げる。
③ 好みでマジパンなどを飾る。

おすすめのペアリングTEA

アッサム（ミルクティー）、ウバ（ミルクティー）、ディンブラ（ミルクティー）、
キャンディ（ミルクティー）

コテージパイ

（Cha Tea 紅茶教室）

材料　耐熱容器（20cm×25cm）1皿分

じゃがいも……5個

Ⓐ バター……30g
　 牛乳……80cc
　 塩……少々
　 こしょう……少々

Ⓑ ウースターソース……大さじ1
　 ケチャップ……大さじ1
　 ドライタイム……少々
　 ナツメグ……少々
　 塩……少々
　 こしょう……少々

玉ねぎ……1個
ニンジン……2/3本
牛ひき肉……300g
コンソメ……1個
薄力粉……大さじ1

作り方

① ジャガイモをゆでて皮をむき、温かいうちにつぶし、Ⓐを加えてマッシュポテトを作る。
② みじん切りした玉ねぎ、ニンジンを透きとおるまで炒める。
③ ②に牛ひき肉を加えて炒め、肉汁が出てきたらコンソメを加える。
④ ③に薄力粉とⒷを加えて味を調える。
⑤ 耐熱容器にバター（分量外）を塗り、④を入れ、その上を①でおおってフォークで筋目をつける。
⑥ 予熱しておいた200℃のオーブンで25〜30分、焼き色がつくまで焼く。

おすすめのペアリングTEA
ニルギリ、ディンブラ、キャンディ、キームン

ブレッド&バタープディング

（Cha Tea 紅茶教室）

材料　耐熱容器（20cm×10cm）1皿分

食パン（10枚切り）……4枚　　　　卵黄……4個分
バター……適量　　　　　　　　　　グラニュー糖……75g
牛乳……200cc　　　　　　　　　　レーズン……適量
生クリーム……100cc
バニラビーンズ……1/2本

作り方

① 食パンの耳を切りとり、バターを塗って対角線に4等分にカットし角を上にして耐熱容器に並べる。
② 鍋に牛乳、生クリーム、バニラビーンズを入れ温める。
③ ボウルに卵黄、グラニュー糖を合わせて泡だて器で混ぜる。
④ ③に冷ました②を加え混ぜて濾す。
⑤ ④を用意しておいた①に流し入れ、食パンに卵液が十分にしみこむまで30分以上置く。
⑥ レーズンをのせて表面にグラニュー糖（分量外）をふりかけ、予熱しておいた180℃のオーブンで30分焼く。

おすすめのペアリングTEA
ダージリン・セカンドフラッシュ、アッサム（ミルクティー）、ディンブラ、
キャンディ、ルフナ（ミルクティー）

ソーセージロール

（坂井みさき）

材料　8個分

冷凍パイシート……2枚（19cm×19cm）

Ⓐ ┌ 豚ひき肉……200g　　パン粉……大さじ1
　　│ 卵……1/2個　　　　ドライタイム……適量
　　│ 牛乳……大さじ1　　粒マスタード……大さじ1
　　└ 塩……小さじ1.5　　こしょう……少々

薄力粉（打ち粉）……適量

溶き卵……適量

作り方

① 冷凍パイシートを解凍しておく。

② ボウルにⒶの材料を合わせ、全体がなじむように混ぜる。

③ 打ち粉をして、パイシートを麺棒で薄くのばして1枚を4等分する。

④ ③でカットしたパイシートに、②を8等分にして巻いていく。

⑤ 巻き終わりに溶き卵を塗り、フォークの背で押さえる。

⑥ ⑤に包丁で切り込みを入れて表面に溶き卵を塗り、予熱しておいた200℃のオーブンで25〜30分焼く。

おすすめのペアリングTEA

ニルギリ、ウバ、ディンブラ、キャンディ、キームン

クリスマス・ティーパンチ

（坂井みさき）

材料　4人分

リンゴ、　オレンジ、　キウイ、　パイナップル、イチゴ……適量
茶葉（ニルギリ、キャンディなど）……12g
熱湯……340cc
氷……適量
ガムシロップ……70cc
炭酸水……70cc
ミント……適量

> ティーパンチの
> 「パンチ」は
> ヒンドゥー語で
> 「5」を表す言葉。
> フルーツは5種類以上
> 入れる。

作り方

① 　フルーツをすべてひと口大にカットして容器に入れる。
② 　ポットに茶葉を入れ、熱湯を注いで2分半蒸らす（2倍の濃さのホットティー）。
③ 　耐熱の容器に氷を入れ、②を注いで急冷する。
④ 　③にガムシロップを入れてよく混ぜる。
⑤ 　①に④を注ぐ。
⑥ 　⑤に炭酸水を加え、ミントを飾る。

お取り寄せおすすめサイト

Swan & Lion
https://www.swanandlion.com/
スコーンはもちろん、ハイティーにピッタリのパイやお食事系のタルトなども充実しているSwan & Lion。ピクニックにおすすめのソーセージロールも常時販売しています。クリスマス時期にはクリスマスプディングやミンスパイ、ブランデーバターなども充実。英国のパブ気分も満喫できますよ。

デメララ・ベーカリー
https://item.rakuten.co.jp/mangos/
demerara-out/
ペイストリーの天才、ライアン・スメドレー監修の2種のバターを使用したリッチなスコーンが人気のデメララ・ベーカリー。こちらのサイトでは、アウトレット品が低価格で取り寄せできます。デメララ・ベーカリーは実店舗が少ないので話題性もあり、ゲストにも喜ばれることでしょう。もちろん、自分用にも試してみてください。

店舗をもたないスイーツ店
https://www.rakuten.co.jp/shopless-
sweets/
こちらのシェフは、英国でトータル10年のキャリアをもっています。そんなシェフの作るホールケーキは、工夫を凝らした素材の組み合わせが秀逸で、小ぶりで価格も良心的です。ミンミン先生のおすすめは、キャロットケーキ、レモンドリズルケーキ、チャーチルケーキです。

ベノア
https://www.benoist.co.jp/
英国関係の催事では、常に行列ができる人気店ベノア。紅茶専門店ならではのスコーンが有名です。定番のプレーンをはじめ、季節のフレーバーも充実。スコーンに欠かせないクロテッドクリームも一緒に購入可能なのは良心的です。「おためしスコーンセット」から試してみてください。

ベリーズティールーム
https://www.berrystearoom.com/
Cha Tea 卒業生の営む紅茶と英国菓子のお店。本格的英国菓子がホールで揃い、季節限定のケーキや期間限定のセットもバリエーション豊か。大人気のクランペットはぜひ味わっていただきたいです。コーヒー＆ウォールナッツケーキやダンディケーキもおすすめ。

ホテルショコラ
https://hotelchocolat.co.jp/
1993年ロンドンでスタートし、今や英国の国民的チョコレートショップになったホテルショコラ。カカオにこだわった「チョコレートムース」、英国菓子を彷彿とさせる「キャロットケーキ」、「イートンメス」の3つがセットになったパティスリーコレクションセレクターがおすすめです。

おわりに

　最後まで読んでくださり、ありがとうございます。ミンミン先生の長年の夢である「お茶会の本」を出すこと、今回一緒にお仕事ができたこと、とても嬉しく思っています。

　Cha Tea 紅茶教室の受講生時代、私がミンミン先生につけたあだ名は「備考欄の女」！　講座の申し込みをする際、必ず備考欄に「先日教えていただいた○○をこんな風に作りました」「おすすめいただいた展覧会に行ってきました」「紹介していただいた本、今読んでいます」のひと言が書かれており、丁寧な方だなという印象を持ちました。

　2年ほどの通学で基礎カリキュラムを終え、卒業されたミンミン先生。数年後、スタッフが「このブログ、坂井みさきさんでは？」と、紅茶でおもてなしサロン「TEA MIE」のブログを見せてくれました。

　紅茶とフードと器、目を見張るテーブルコーディネート。ミンミンワールドに夢中の受講生たちの熱いコメント、学んだことをこんな風に活かしてくださっている卒業生がいること、私たちにとっては本当に嬉しい、何よりもの教室の財産だと感動しました。以後、お付き合いが復活し……数年後には母校にあたるCha Tea 紅茶教室でも講師をお願いすることに。

　そんな私がミンミン先生にいただいた最も嬉しかったサプライズは12本の薔薇。2019年刊行の『図説　ヨーロッパ宮廷を彩った陶磁器　プリンセスたちのアフタヌーンティー』の出版祝いの席のことでした。

　12本の薔薇には素敵な意味があるとのこと。それは「感謝、誠実、幸福、信頼、希望、愛情、情熱、真実、尊敬、栄光、努力、永遠」。美しい薔薇と共に、カードに書かれた12の言葉、参加してくださったゲストの皆様も、そのお心遣いに感動、その後に担当した講義はとても満ち足りた幸せな気持ちで行えました。

　ミンミン先生の座右の銘「そこに愛はあるのか？」、いくつになっても好奇心を失わない、そんな豊かな人生を紅茶と共に歩んでいきましょう。

Cha Tea 紅茶教室代表　立川碧

参考文献

『不思議の国のアリス』ルイス・キャロル　河合 祥一郎訳　角川文庫　2010.2

『鏡の国のアリス』ルイス・キャロル　河合 祥一郎訳　角川文庫　2010.2

『不思議の国のアリス・オリジナル』ルイス・キャロル　高橋宏訳　書籍情報社　2002.12

『ピーターラビットのおはなし』ビアトリクス・ポター　いしいももこ訳　福音館書店　2019.11

『パイがふたつあったおはなし』ビアトリクス・ポター　いしいももこ訳　福音館書店　2019.11

『のねずみチュウチュウおくさんのおはなし』ビアトリクス・ポター　いしいももこ訳　福音館書店　2019.11

『こねこのトムのおはなし』ビアトリクス・ポター　いしいももこ訳　福音館書店　2019.11

『2ひきのわるいねずみのおはなし』ビアトリクス・ポター　いしいももこ訳　福音館書店　2019.11

『分別と多感』ジェイン・オースティン　中野康司訳　筑摩文庫　2007.2

『高慢と偏見　上・下』ジェイン・オースティン　中野 康司 訳　筑摩文庫　2003.8

『エマ　上・下』ジェイン・オースティン　中野康司 訳　筑摩文庫　2005.10

『赤毛のアン』ルーシー・モード・モンゴメリ　村岡花子訳　新潮文庫　2008.2

『ハリー・ポッターとアズカバンの囚人』J.K. ローリング　松岡佑子訳　静山社　2001.7

『ライオンと魔女──ナルニア国ものがたり』C.S. ルイス　瀬田貞二訳　岩波少年文庫　2000.6

『風にのってきたメアリー・ポピンズ』P.L. トラヴァース　林容吉訳　岩波少年文庫　2000.7

『おうちで楽しく!リビングフォト』今道しげみ　インプレス　2008.5

『テーブルフォトの撮り方教室 スタイリングで見せるくらし写真』Windy Co.　今道しげみ　榊壽賀代　はや
　　しまゆみ　川上卓也　朝日新聞出版　2014.9

『今道しげみの　絵になる写真レッスン──毎日の生活を素敵に写す』今道しげみ　主婦の友社　2011.10

『図説　英国ティーカップの歴史　紅茶でよみとくイギリス史』ChaTea 紅茶教室　河出書房新社　2019.8

『図説　英国紅茶の歴史』ChaTea 紅茶教室　河出書房新社　2021.5

『図説　ヴィクトリア朝の暮らし　ビートン夫人に学ぶ英国流ライフスタイル』ChaTea 紅茶教室　河出書房
　　新社　2020.2

『図説 紅茶 世界のティータイム』ChaTea 紅茶教室　河出書房新社　2017.2

『図説 ヨーロッパ宮廷を彩った陶磁器　プリンセスたちのアフタヌーンティー』ChaTea 紅茶教室　河出書房
　　新社　2019.7

『図説 英国 美しい陶磁器の世界　イギリス王室の御用達』ChaTea 紅茶教室　河出書房新社　2020.10

『英国のテーブルウェア　アンティーク&ヴィンテージ』ChaTea 紅茶教室　河出書房新社　2016.5

『MRS. BEETON'S BOOK OF HOUSEHOLD MANAGEMENT』Mrs. ISABELLA BEETONS S.O.
　　BEETON 248 STRAND LONDON. W.C. 1861

プロフィール

Cha Tea 紅茶教室 (チャティー　こうちゃきょうしつ)

2002年開校。山手線日暮里駅近くの代表講師の自宅（英国輸入住宅）を開放してレッスンを開催している。著書に『図説 英国 美しい陶磁器の世界』『図説 ヨーロッパ宮廷を彩った陶磁器』『図説 紅茶』『図説 英国ティーカップの歴史』『図説 英国紅茶の歴史』『図説 ヴィクトリア朝の暮らし』『英国のテーブルウェア〜アンティーク＆ヴィンテージ』『図説 英国の住宅』（すべて河出書房新社）、監修に『紅茶のすべてがわかる事典』（ナツメ社）など。2021年4月、荒川区西日暮里3-9-21に「紅茶専門店Cha Tea」オープン。
紅茶教室ＨＰ　http://tea-school.com/
Twitter　　　@ChaTea2016
Instagram　　@teaschool_chatea

坂井みさき (さかい・みさき)

元芸能雑誌編集記者、フリーライター。おもてなし紅茶サロン「TEA MIE」主宰。自身のティータイムや旅ブログのタイトル『ミンミンゼミ』から派生して、愛称は「ミンミン先生」。紅茶をテーマにした海外旅行のアテンドも人気。63歳までに63か国を目標に旅を続けていたが、コロナ禍に阻まれている。著書に、実父である鳥羽水族館の創設者中村幸昭の半生を描いた『パパがジュゴンに恋をした』（立風書房）がある。
ブログ　　　　https://chanmie.exblog.jp//
Instagram　　@ misakisakai777

お家で楽しむアフタヌーンティー
ときめきの英国紅茶時間

2021年10月20日　初版印刷
2021年10月30日　初版発行

著　者　　　　Cha Tea 紅茶教室
　　　　　　　坂井みさき

発行者　　　　小野寺優
発行所　　　　株式会社河出書房新社
　　　　　　　〒151-0051 東京都渋谷区千駄ヶ谷2-32-2
　　　　　　　電話　03-3404-1201（営業）　03-3404-8611（編集）
　　　　　　　https://www.kawade.co.jp/
装幀・本文レイアウト　水橋真奈美（ヒロ工房）
印刷・製本　　図書印刷株式会社

Printed in Japan
ISBN 978-4-309-28927-4